Dietmar Mitzinger
ATEMTECHNIK

Empfohlen von

LEHRBRIEFE FÜR DEN TAUCHSPORT
TAUCHSPORT-SEMINARE

Dietmar Mitzinger

Delius Klasing
EDITION NAGLSCHMID

Die Deutsche Bibliothek - CIP-Einheitsaufnahme

Mitzinger, Dietmar:
Atemtechnik / Dietmar Mitzinger. -
Bielefeld: Delius Klasing; Stuttgart: Ed. Naglschmid, 1996
    (Lehrbriefe für den Tauchsport; Tauchsport-Seminare)
    ISBN 3-89594-053-4

ISBN 3-89594-053-4
© 1996 by Verlag Stephanie Naglschmid, Stuttgart
Herausgeber: Dr. Friedrich Naglschmid/MTi-Press, Stuttgart
Umschlaggestaltung: Buchholz/Hinsch/Hensinger, Hamburg
Titelfoto: Waltraud Binanzer/MTi-Press
Druck: Druckerei Heinrich Schreck, Maikammer/Pfalz
Printed in Germany 1996

Dieses Buch wurde auf umweltschonendem,
chlorfrei gebleichtem Papier gedruckt.

BREASYS®

Der unbewußte Atem reagiert auf Eindrücke von außen und von innen unmittelbar und sensibel.
Diese Reaktionen stellen Mischungen aus Gedankenkraft und Atemenergie dar.
Diese Mischungen gewinnen eine eigene Existenz,
aufgeputscht durch die ständige Wechselwirkung zwischen Gedanken und Atem.
BREASYS® ist eine System, den Atem aus seiner unbewußten Labilität zu befreien,
um die ordnende und harmonisierende Kraft unseres Atems zu erfahren.

Alle in diesem Buch enthaltenen Angaben, Daten, Ergebnisse usw. wurden vom Autor nach bestem Wissen erstellt und von ihm und vom Verlag mit größtmöglicher Sorgfalt überprüft. Gleichwohl sind inhaltliche Fehler nicht vollständig auszuschließen. Daher erfolgen die Angaben usw. ohne jegliche Verpflichtung oder Garantie des Verlages und des Autors. Sie alle übernehmen deshalb keinerlei Verantwortung und Haftung für etwaige inhaltliche Unrichtigkeiten.

Geschützte Warennamen und Warenzeichen werden nicht besonders gekennzeichnet. Aus dem Fehlen solcher Hinweise kann also nicht geschlossen werden, daß es sich um einen freien Warennamen oder ein freies Warenzeichen handelt.

Alle Rechte, insbesondere das Recht der Vervielfältigung und Verbreitung sowie der Übersetzung, vorbehalten. Kein Teil des Werkes darf in irgend einer Form (durch Fotokopie, Mikrofilm oder ein anderes Verfahren) ohne schriftliche Genehmigung des Verlages reproduziert oder unter Verwendung elektronischer Systeme verarbeitet, vervielfältigt **oder verbreitet werden.**

Inhaltsverzeichnis

	Vorwort	7
1.	Einleitung	9
1.1.	Die Atmung: Die Schaltstelle unseres Befindens	9
1.2.	Wie die bisherige Betrachtungsweise des Atemvorganges zur Katastrophe führen kann.	9
1.2.1.	Eine ganz normale Tauchgeschichte	9
1.2.2.	Wo lag die Katastrophe?	10
1.2.2.1.	Gedanklich-emotionale-Kopplung	10
1.3.	Die Atmung ist oft angstbesetzt	10
1.3.1.	Eine ganz normale Beginnergeschichte	11
1.3.2.	Wo lag die falsche Ursachenzuschreibung?	11
1.4.	Die Einatmung ist oft besetzt mit Anstrengung	11
1.4.1.	Prinzipielle Darstellung einer falschen Gewohnheit	12
1.5.	Ziel dieses Kurses	12
1.6.	Kennzeichen von Gefahren	13
1.7.	Verlaufsmodell zur Erklärung der Entstehung von Gefahr-Situationen beim Tauchen	13
2.	Gefährdende Atemformen	14
2.1.	Sparatmung	14
2.1.1.	Tabellarische Darstellung der Sparatmung	14
2.1.2.	Tabellarische Darstellung der Wirkung der Sparatmung	15
2.2.	Hyperventilation	16
2.2.1.	Tabellarische Darstellung der Hyperventilation	16
2.2.2.	Tabellarische Darstellung verschiedener Formen der Hyperventilation	16
2.2.3.	Wirkungen der Hyperventilation	18
2.3.	Essoufflement	18
2.3.1.	Tabellarische Darstellung der 6 Phasen von Essoufflement	20
2.3.1.1.	Grundsätzliches zu Ursachendiskussion von Essoufflement	20
2.3.1.2.	Die vier Schritte des Sicherheitstrainings von Essoufflement	21
2.3.2.	Tabellarischer Vergleich von Essoufflement mit Stoßatmung	21
3.	Beschreibung des Atemvorganges: Faktoren der Atmung	23
3.1.	Atemfrequenz	23
3.2.	Atemzugvolumen	23
3.3.	Atemminutenvolumen	23
3.4.	Einatemdauer	23
3.5.	Ausatemdauer	23
3.6.	progredienter Verlauf	23
3.7.	linearer Verlauf	23
3.8.	Der Wendepunkt	24
3.9.	Die Ein-Atem-Pause	24
3.10.	Die Aus-Atem-Pause	24
3.11.	Der Atemmodus	24
3.12.	Atemmittellage	24
3.13.	Trend	24
3.14.	Periodizität	24
4.	Medizinische Paradigmen in der Atmung	25
4.1.	Das "Sauerstoff-Paradigma"	25
4.2.	Das "Kohlendioxid-Paradigma"	26
4.3.	Das "Vital-Funktion-Paradigma"	27
5.	Ausgewählte physiologische Aspekte der Atmung	29
5.1.	Die Atmung, das Tor zum Vegetativum	29
5.2.	Die Atmung, der Weg zur Konzentration und Wahrnehmung	30
5.3.	Die Atmung: Die Betrachtung eines psycho-physiologischen Rückkopplungsprozesses oder "Der Teufelskreislauf I"	31

5.3.1.	Verlaufsdiagramm des Rückkopplungsprozesses I	31
5.4.	"Der Teufelskreislauf II" bei Essoufflement	31
5.4.1.	Verlaufsdiagramm des Rückkopplungsprozesses II	31
5.4.2.	Tabellarische Darstellung der Phasen von Essoufflement	32
5.4.3.	Spiralförmige Darstellung der 6 Phasen von Essoufflement	34
5.5.	Die Lunge, eine Unterdruckkammer	34
5.6.	Die Wirkung von Überdruck in der Lunge auf das Herz-Kreislaufsystem (Überdruck = Druck größer 5 mm Hg)	35
5.6.1.	Prinzipielle Darstellung der Wirkung des Überdruckes	36
5.7.	Die Wirkung von Unterdruck in der Lunge auf das Herz-Kreislaufsystem	37
6.	Die Atemübungen	38
6.1.	Strömungsatmung	38
6.2.	Stoßatmung	39
6.3.	Die Lungenseitenatmung	40
6.3.1.	Die Lungenseitenatmung: Prinzipielle Darstellung der Übung	41
6.4.	Der Kinnverschluß	42
6.5.	Der Unterdruck-Verschluß (UV)	43
6.6.	Die Überdruck-Atmung	44
6.6.1.	richtige Form	44
6.6.2.	falsche Form	45
7.	Atmung: allgemeine Problematik beim Tauchen	46
7.1.	Kompressionsphase	46
7.2.	Isopressionsphase	46
7.3.	Dekompressionsphase	47
7.4.	Kombinationen von Atemtechniken	47
7.4.1.	Atemkombination zum Apnoe-Streckentauchen:	47
7.4.2.	Atemkombination zum Apnoe-Tieftauchen:	47
7.4.3.	Atemkombination zum Gerätetauchen	48
7.4.4.	Atemkombination für Fortgeschrittene	48
8.	Notfall-Bewältigung mit Hilfe von Atemtechniken	49
9.	Trainingsformen mit Hilfe von Atemtechniken	50
9.1.	Tabellarischer Vergleich von Hyperventilation und Stoßatmung	50
10.	Didaktik und Methodik der Vermittlung	51
10.1.	Verlaufsbetrachtung der Vorübung NG	52
10.2.	Prüfen auf Dichtheit des Schlundverschlusses	52
11.	Anwendung in der Taucherausbildung	53
11.1.	Tabellarische Darstellung der Anwendung der Atemübungen in der Tauchausbildung	53
12.	Prüfe Dein Wissen	54
13.	Vorschläge für Tauchgänge	61
14.	Ausblick auf weiterführende Möglichkeiten durch Atemtechniken	61
15.	Anhang: Die muskulären Atemsysteme	62
15.1.	Das Einatemmuskel-System	62
15.2.	Das Ausatemmuskelsystem	62
	Zertifikat	63

Vorwort

Atme aus, wann immer ein Streß auf Dich zukommt.

Das vorliegende Buch verbunden mit einem Seminar hat zum Ziel, daß man in der Lage sein sollte, den oben genannten Satz zu verwirklichen. Zunächst muß man die Atemtechniken beherrschen, die in diesem Buch erwähnt werden. Die Bedeutung des obigen Satzes wird schnell verstanden, wenn man sich die Realität anschaut, wie die meisten atmen, wenn Streß herrscht. Einem Steinzeitreflex zufolge atmen wir bei Streß verstärkt ein. Früher war das wichtig, um bei drohender Gefahr sofort loszurennen. Heute bleiben wir aber sitzen. Die verstärkte Einatmung führt zu einem abfallenden Calciumspiegel und damit zu verstärkter Überempfindlichkeit des Nervensystems. Unsere Nerven "liegen blank", dies führt beim Tauchen zu Hyperventilation und Essoufflement und außerhalb des Tauchens zu Muskelverspannungen, Unruhe, Reizbarkeit, Bluthochdruck, Migräne und andere Störungen aufgrund einer heftigen unkontrollierten Wechselwirkung zwischen Psyche und Physe.

Ausatemorientiertheit anstatt Einatemorientiertheit ist der Weg, Streß erfolgreich zu bewältigen. Hat man einen Stressor einmal erkannt, wird es einfach. Beispielsweise atmet man immer dann ausatemorientiert, wenn das Telefon läutet. Auf die Dauer entwickelt sich ein gelernter Reflex, und wir brauchen dabei gar nicht mehr nachzudenken. Der Erfolg ist verblüffend. Innerhalb von Minuten steigt der Calciumspiegel, der Mensch wird innerlich ruhig und entspannt.

Im weiteren wird die Anwendung auf das Tauchen beschrieben.

1. Einleitung

1.1. Die Atmung: Die Schaltstelle unseres Befindens

Atmung ist ein Vorgang, der zwei Eigenschaften hat. Erstens spiegelt das Atemmuster ständig unseren Erregungszustand der letzten zwei bis drei Minuten wider, und zweitens wirkt das Atemmuster bestimmend auf den unmittelbar entstehenden Erregungszustand ein.

Atmung ist daher ein Indikator (Anzeigegerät) für unseren Erregungszustand und Atmung ist ein Manipulator für den gerade entstehenden Zustand des Befindens.

Die Bedeutung für das Tauchen aufgrund dieser Tatsache ist fundamental. Der Taucher kann es sich nicht leisten, für längere Zeit seinen Erregungszustand in das Uferlose laufen zu lassen.

Angst, Panik, Essoufflement und Tiefenrausch sind Produkte von inneren, äußeren Umgebungsfaktoren und Atmung, die den Bewußtseinszustand in einen Bereich bringen, innerhalb dessen der Taucher nicht mehr in der Lage ist, kontrollierend, d.h. mit Realitätskontrolle, in das Geschehen eingreifen zu können.

1.2. Wie die bisherige Betrachtungsweise des Atemvorganges zur Katastrophe führen kann.

1.2.1. Eine ganz normale Tauchgeschichte

Stellen Sie sich doch mal einen ganz normalen Tauchlehrer vor. Geben wir diesem Tauchlehrer nun einmal einen Namen und zwar den Namen "Tauchfix". Dieser Tauchlehrer befindet sich nun mit einer Gruppe von Touristen im Roten Meer innerhalb einer mittelstarken Strömung. Unser Tauchfix hat nun den Ehrgeiz der Tauchgruppe alle Sehenswürdigkeiten zu zeigen, die das "Rote Meer" an dieser Stelle eben nun mal so bietet. Er taucht also hin und her, mal mit, mal quer und mal gegen die Strömung. Er hält gleichzeitig alle seine "Schäfchen" zusammen, wie sich das für einen Tauchführer gehört und er betreibt die sogenannte "Sparatmung" (In einem anderen Abschnitt wird diese Sparatmug noch genauer definiert), weil er ja nicht soviel Luft verbrauchen will, was ein Tauchprofi ja auch gar nicht sollte.

Der ganze Tauchgang verläuft bis kurz vor Ende normal, d.h. keine besonderen Vorkommnisse. Alle steigen an Bord des Schiffes und unser Tauchfix geht als letzter an Bord, da er ja auf die Sicherheit achtgeben muß. Und nun geschieht etwas, was sonst nicht passiert. Tauchfix zieht eine Flosse aus und reicht diese an Bord. Danach verliert er ausversehen seinen neuen wunderschönen Schnorchel, den er gerade letztens erst brandneu gekauft hatte. Da sinkt er nun dahin und Tauchfix sieht seinem Schnorchel nach. Tauchfix fängt nun an zu denken: "Den hole ich mir eben noch zurück." Also taucht Tauchfix mit einer Flosse seinem Schnorchel hinterher. Dann denkt Tauchfix weiter: "Mit einer Flosse tauchen ist doch kein Problem, das habe ich doch schon beim Ablegen des Bronzescheins zeigen müssen." Der Schnorchel befindet sich immer noch nur einen Meter vor den Augen von Tauchfix. Was Tauchfix aber nicht bemerkt, ist, daß er bereits auf zehn Meter Tiefe abgetaucht ist. Er fängt nun, auch aufgrund des relativ anstrengenden Strömungstauchganges, an, tiefer zu atmen. Er denkt "Viel Sauerstoff hilft jetzt weiter." Seine Atemfrequenz steigt ebenfalls an. Tauchfix denkt " Das ist ja auch ganz normal, außerdem habe ich ja gleich meinen Schnorchel zurück." Nun befindet sich Tauchfix bereits auf 20 Meter Tiefe. Allmählich wird es dunkler, auch die Farben des Schnorchels verändern sich, aber Tauchfix denkt nur an den Abstand zwischen ihm und seinem Schnorchel, der sich jedoch konstant nicht verändert. Die Atemzüge werden nun weniger tief, aber sie sind immer noch hochfrequent und irgendwie hört sich das mit dem Atem so komisch an. Der Atem hat so eine hypnotisierende - entspannende Wirkung und diese suggeriert Tauchfix, alles sei in vollster Ordnung. Und das mit dem Schnorchel ist auch kein Problem - alles easy. Und so geht es weiter mit Tauchfix ab in die Tiefe. Der Schnorchel tanzt vor ihm herum wie die Uhr eines guten Hypnotiseurs. Die Atmung wird immer kurzatmiger. Das Atemvolumen reicht schon lange nicht mehr aus. Das CO_2 wird nicht mehr abgeatmet. Essoufflement entsteht und Tauchfix weiß von nichts mehr. Er sieht auf einmal tausend Schnorchel um sich herum, und bei soviel schönen Schnorcheln braucht man doch keinen Lungenautomaten mehr.

1.2.2. Wo lag die Katastrophe ?

Es ist eben nicht so:" Viel hilft viel", sondern bei der Atmung ist es das absolute Gegenteil: "Weniger ist mehr". Hätte Tauchfix erkannt, daß er mittels seiner Atmung seine letzten Reserven reaktivieren muß und das allein in 20 Meter Tiefe, um einen Schnorchel, von dem es übrigens wahrscheinlich 88 Millionen auf der ganzen Welt gibt, dann hätte er eher kehrt gemacht, und hätte nun noch sein Leben. Umgebungsfaktoren, Atmung und Denken multiplizieren sich in ihrer Wirkung, so daß sich unser Bewußtseinszustand schneller ändert als wir denken können. Tiefenrausch kann entstehen. Wenn Tauchfix jedoch in der Lage gewesen wäre eine Atempause als Technik anzuwenden, dann hätte er diesen Teufelskreislauf von Streß und Atmung unterbrochen, und er hätte wenigstens sein Unterscheidungsvermögen behalten, um ab einer bestimmten Tiefe entscheiden zu können: "Für den Schnorchel lohnt es sich nicht mehr." Atmung und Bewußtsein sind untrennbar miteinander verbunden. Denkgewohnheiten wie "Mehr Sauerstoff = Mehr Leistung " können katastrophale Folgen haben. "Weniger ist mehr" bedeutet für den Taucher, daß er nicht an seine Reserven gehen muß, er bleibt auf der sicheren Seite. Geschulte Atmung führt also zu mehr Tauchsicherheit.

1.2.2.1. Gedanklich-emotionale-Kopplung

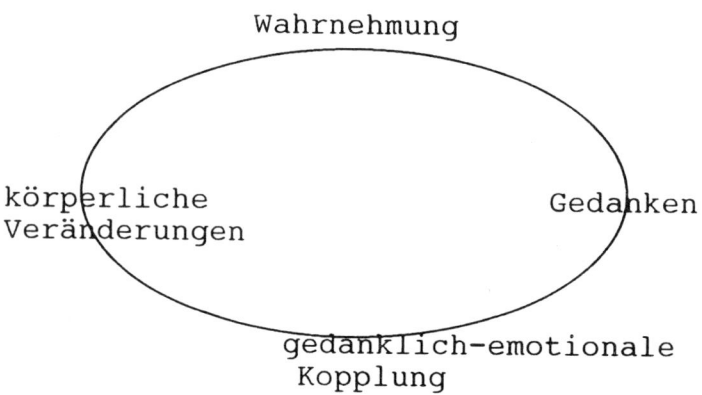

Die Wechselwirkung zwischen Gedanken und Gefühlen bewirkt eine Veränderung im Körper. Diese wird wahrgenommen. Dieser Wahrnehmung wird eine Ursache zugeschrieben. Diese Ursachenzuschreibung tritt wiederum in Wechselwirkung mit den Gefühlen. Ein Kreislauf schließt sich.

1.3. Die Atmung ist oft angstbesetzt

Wir lernen alle an den Konsequenzen. Ein Satz, der sehr einleuchtend ist. Der Wert dieser Aussage ist jedoch davon abhängig, was wir jeweils als Konsequenz erkennen, wie wir diese bewerten und welche Ursache wir dieser Konsequenz zuschreiben. Diesen Zusammenhang soll die folgende Geschichte aufzeigen.

1.3.1. Eine ganz normale Beginnergeschichte

Ein Paar, Heldenmut und Luftine verbringen ihren Urlaub auf Madeira. Plötzlich kommt Heldenmut auf die Idee:"Wir könnten doch auch noch Tauchen lernen." Luftine reagiert etwas weniger begeistert mit:" Na gut, wir können das ja mal probieren". Alles beginnt mit dem schönen Schnuppertauchen. Heldenmut hat gar keine Probleme. Er taucht mit ABC-Ausrüstung und Gerät im Schwimmingpool ohne Probleme. Nun ist Luftine an der Reihe. Sie hatte bis heute noch nie, jedenfalls soweit sie sich erinnert, ihren Kopf unter Wasser. Alles kein Problem, sagt der Tauchlehrer. Mit der Maske sieht unter Wasser alles genau so aus wie über Wasser, außerdem könne man mit der Maske ganz normal unter Wasser sehen. Alles kein Problem. Luftine zieht die Maske an, atmet ein, sinkt mit ihren Kopf unter Wasser und kann tatsächlich sehen. Wenn da nicht die Übung mit dem Maskenausblasen wäre. "Dann machen wir doch mal eben das Maskenausblasen" sagt der Tauchlehrer und drückt der Luftine erneut die Maske in die Hand. Nachdem sie beim Tauchlehrer gesehen hat, wie denn das so geht, versucht sie das gleiche.

Aber nun geht alles ganz anders. Luftine vergißt über Wasser einzuatmen. Dann verschließt sie sehr feste ihren Schlund, denn da darf ja kein Wasser hereinfließen. Und dann hält sie den Kopf unter Wasser, zieht die Brille aus und sieht nichts mehr. "Das ist zuviel" denkt sie sich und stößt den Kopf ängstlich und erregt aus dem Wasser. Sie denkt weiter "Erst sehe ich nichts mehr, dann habe ich keine Luft, und dann soll ich auch noch ausatmen. Das geht nicht. ". Luftine hat nun gelernt, wenn ich den Kopf unter Wasser halte, kann ich nicht atmen, nichts sehen und ich habe Angst. Alles gute Zureden des Tauchlehrers und des Freundes hilft nichts mehr. Luftine verläßt für immer das Schnuppertauchen und nimmt sich vor:" Wenn Heldenmut unbedingt 30 Meter unter Wasser tauchen will, dann gehe ich auf den Bergen in 300 Metern Höhe spazieren.".

1.3.2. Wo lag die falsche Ursachenzuschreibung ?

Hätte ein Atemtraining an Land ohne Wasser und Maske stattgefunden, dann hätte Luftine bewußt gelernt ihren Atemstrom zu lenken, d.h. sie hätte gelernt, bewußt ein- und auszuatmen, und zwar dann, wenn sie es will. Bezogen auf das Schnuppertauchen hätte der Ablauf der Ursachenzuschreibung dann anders ausgesehen. Luftine hätte dann erkennen können: " Ich kann deswegen nicht ausatmen unter Wasser, weil ich 1. vorher oben nichts eingeatmet habe und zweitens, weil ich den Schlund vor Angst zuhalte, dann kann eben nichts heraus." Oft sind erste Erfahrungen bleibende Erfahrungen. Luftine sagt zu ihrem Freund: "Ich hab es ja versucht, und es hat eben nicht geklappt." Hätte Luftine den Mißerfolg auf ihre Atemtechnik zurückgeführt, dann hätte zumindest die Chance bestanden, daß sie sich Gedanken um ihre Atemtechnik macht, denn Atmen muß sie ja sowieso auch an Land oder beim Bergsteigen. So aber kann sie denken, daß diese Angsterfahrung nur dann auftritt, wenn sie den Kopf unter Wasser hält und so eine blöde Maske ausblasen soll. Die Angst hat sich also mit der Wassererfahrung gekoppelt und nicht mit der Atmung. Es gibt auch die Möglichkeit, daß sich die Angst mit der Atemerfahrung koppelt, da eine bewußte Atemerfahrung jedoch meistens nur unter Wasser gemacht wird, kommt man zu dem selben Ergebnis, nämlich, daß dieses Problem mit der Atmung nur beim Tauchen auftritt.

1.4. Die Einatmung ist oft besetzt mit Anstrengung

Aufgrund von falschen Gewohnheiten haben sich Anstrengung und Einatmung so aneinander gekoppelt, daß nahezu bei jeder Anstrengung, ein Keuch-Laut ausgesprochen wird. Ein Beispiel hierfür ist das Anheben eines Kastens Mineralwasser. Beim Hochheben stoßen viele einen Keuch-Laut aus. Dies ist ein sicheres akustisches Zeichen dafür, daß jemand nach der Einatmung eine Einatempause durchführt. Er hält die Luft an, verschließt den Schlund und atmet erst dann wieder aus, wenn er den Kasten absetzt. Das Absetzen geschieht ebenfalls mit einem Keuch-Geräusch, das sich der verspannte Schlund ja wieder öffnen muß, um die zurückgehaltene Luft ausatmen zu können.

1.4.1. Prinzipielle Darstellung einer falschen Gewohnheit

```
┌─────────────────────────────────────────────────────────┐
│      Einatmung, Anstrengung und Keuch-Laut              │
└─────────────────────────────────────────────────────────┘
                           ⇩
┌─────────────────────────────────────────────────────────┐
│                    Einatempause                          │
└─────────────────────────────────────────────────────────┘
                           ⇩
┌─────────────────────────────────────────────────────────┐
│                   Schlundverschluß                       │
└─────────────────────────────────────────────────────────┘
                           ⇩
┌─────────────────────────────────────────────────────────┐
│                  erhöhter Lungendruck                    │
└─────────────────────────────────────────────────────────┘
                           ⇩
┌─────────────────────────────────────────────────────────┐
│   Ausatmung, Lösung der Anstrengung, Keuch-Laut          │
└─────────────────────────────────────────────────────────┘
```

1.5. Ziel dieses Kurses

"höhere Tauchsicherheit" - "höhere Erlebnisqualität" - "angemessenere Tauchanimation"

Erstens soll der Taucher erkannt und erfahren haben, welche Bedeutung die Atmung für das Tauchen hat.

Zweitens soll der Taucher mit einer Art Frühwarnsystem ausgestattet sein, d.h. mit einer gezielteren Sensibilität ausgerüstet sein, um das Entstehen von Angst und Panik sowie Essoufflement frühzeitig wahrnehmen zu können.

Drittens soll der Taucher Atemtechniken beherrschen, die das Erregungsniveau senken können und beim Beginn von Angst oder Panik Möglichkeiten aufweisen, selbständig "Den Weg zurück" gehen zu können, um dadurch Panik zu bewältigen.

Viertens soll der Taucher seine allgemeine Wahrnehmungsfähigkeit durch Atemtechniken erhöhen können, um im entspannteren Zustand die Unterwasserwelt erleben zu können.

Fünftens soll der Taucher in der Lage sein, Basistechniken an den Beginner vermitteln zu können, um auch solche Interessenten an den Tauchsport heranzuführen, die aufgrund von Angst, falschem Wissen oder falscher Atemweise nicht in der Lage sind, mit Wasser, Maske, Schnorchel und Atmung arbeiten zu können.

Sechstens soll der Taucher die Welt der Atmung kennenlernen, um seine Fähigkeiten zu erweitern, und nicht auf altem Wissen stehen zu bleiben.

1.6. Kennzeichen von Gefahren

Taucher, auf die die folgende Beschreibung paßt, sind besonders gefährdet, bei ihren Tauchgängen einen unkontrollierten Essoufflement-Anfall zu erleiden:

Gedanken/ Gefühle	Verhalten	Atmung
Perfektionismus	dauernd in Bewegung	zuviel Einatmung
Leugnen von Angst	schnelles Reden	zuviel Einatempause
Gedankenjagen	kein Zuhören	Brustkorbatmung
alles selbst machen	kein Delegieren	zu hohe Atemfrequenz
Verantwortung allein		Schlundverschluß
subjektiv unter Zeitdruck		

1.7. Verlaufsmodell zur Erklärung der Entstehung von Gefahr-Situationen beim Tauchen

langfristig	mittelfristig	kurzfristig
Atemreaktivität ⇧	Beziehungsstreß	große Tauchgruppe
Motoreaktivität[1] ⇧	Geldsorgen	fremde Umgebung
Magen-Darm-Reaktivität ⇧	Erfolgsdruck	hohe Erwatung
		Seegang ⇧
		Zeitdruck ⇧
		Schlaf ⇩

[1] Motoreaktivität soll hier die Bereitschaft der Motorik bezeichnen, auf äußere oder innere Reize übernormal intensiv durch Bewegung zu reagieren

2. Gefährdende Atemformen

Atemmuster, die eine gesundheitsschädigende oder akut bedrohende Wirkung haben, können bewußt oder unbewußt, also gewollt oder nicht gewollt, entstehen bzw. durchgeführt werden. Zur Zeit sind die folgenden drei Atemmuster als gefährdende Atemformen bekannt. Es sind Sparatmung, Hyperventilation und Essoufflement. In der Notfallmedizin sind noch weitere Atemformen bekannt, die eine akute Bedrohung indizieren wie z.B.: Chayn-Stock'sche Atmung oder Kußmaul-Atmung. Diese werden hier jedoch nicht behandelt, da sie mit spezifischen Intoxikationen einhergehen.

2.1. Sparatmung

Definition:
A: Beschreibung des Verlaufs
Der Taucher atmet sehr tief ein. Er behält die eingeatmete Luft in seiner Lunge für die Dauer von 20 bis 40 Sekunden, bevor er sie wieder ausatmet. Nach der Ausatmung atmet er unmittelbar wieder ein. Modus bedeutet: wie ist der Atemzug, aktiv oder passiv. Bei der Sparatmung ist der Atemmodus sowohl beim Ein- als auch beim Ausatmen aktiv. Einen genauen Überblick gibt die folgende Tabelle:

2.1.1. Tabellarische Darstellung der Sparatmung

	relativ zu anderen Atemformen	absolute Einschätzung
Atem-Frequenz	⇓	2-3 / Minute
Atemzugvolumen	⇑	3-5 Liter
Atemminutenvolumen	⇓	8-12 Liter
Atempause nach der EA	⇑	20-40 Sekunden
Atempause nach der AA	⇓	nicht vorhanden
Modus EA	aktiv	
Modus AA	aktiv	

B: Beschreibung der Situation
Die Sparatmung wurde in der Vergangenheit von Tauchlehrern durchgeführt mit dem Ziel, wenig Luft zu verbrauchen. Unter den Tauchern gibt es die Überzeugung, daß man mit Hilfe des Finimeters nach dem Tauchgang einschätzen kann, wie trainiert oder fit jemand ist. Wenn man die Sparatmung betrieb, konnte man relativ sicher sein, daß man nach dem Tauchgang einen hohen Finimeterstand hatte. Damit konnte man beweisen, daß man zu den Profis gehört, da Profis wenig Luft verbrauchen.

C: Beschreibung der Folgen

Die Folgen dieser Sparatmung sind für das Herz-Lungen-System sehr belastend und gesundheitsgefährdend. Nach der Einatmung, die etwa 3-5 Liter beträgt, wird versucht, die Luft in der Lunge zu behalten. Der entscheidend gesundheitsgefährdene Vorgang ist eben nun dieses Zurückhalten der eingeatmeten Luft. Dies geschieht mit Hilfe der unbewußten Kontraktion des oberen Schlundschnürers. Dieser Muskel gehört zum Schluckapparat. Er wird sehr oft unwillkürlich benutzt, so z.B. beim Heben eines schweren Gegenstandes.

Aufgrund dieser Tatsache ist eine Anstrengung mit der Schlundschnürer-Kontraktion miteinander gekoppelt. Da der Taucher eine innere Absicht hat, nämlich, wenig Luft zu verbrauchen, setzt er sich unter Leistungsdruck. Er will das Ziel, wenig Luft zu verbrauchen, erreichen. Dieser Leistungsdruck strengt so an, daß der Schlund gleich mitkontrahiert wird. Wenn der Schlund durch Kontraktion verschlossen ist, dann kann keine Luft mehr entweichen. Die Luft bleibt in der Lunge. Die Zwischenrippenmuskulatur, und zwar diejenige, die zum Einatemsystem gehört, beginnt sich nach einiger Zeit zu lösen. Der Brustkorb wird kleiner. Der Luftdruck in der Lunge steigt an. Durch das Zurückhalten des Atemimpulses steigt der Druck in der Lunge ebenfalls an. Diese Druckerhöhung beeinflußt die Perfusion, also die Durchblutung des Lungengewebes so stark, daß der Rückfluß von der Lunge zum Herzen stark vermindert wird. Ebenfalls wird aufgrund der Druckerhöhung der venöse Rückfluß aus dem Körper hin zum Herzen stark vermindert. Das Herz bekommt zu wenig Blut in beide Herzkammern. Das Herzschlagvolumen sinkt bedrohlich ab. Das Herz reagiert sofort durch Druckerhöhung und durch Frequenzerhöhung. Die Folge ist ein Anstieg des Blutdruckes und der Pulsrate.

Bei dem Taucher, der nach einem solchen Tauchgang mit etwa 30-50 Minuten Sparatmung auftaucht, ist zu beobachten, daß er für etwa eine halbe Stunde lang einen roten Kopf hat, und er klagt über Kopfschmerzen. Dies ist dadurch zu erklären, daß der venöse Rückstrom aus dem Körper und besonders aus dem Kopf durch den erhöhten Lungendruck stark vermindert ist. D.h., daß das Blut aus dem Kopf weniger gut abfließt. Es stellt sich der sogenannte Halsvenenstau ein. Es ist daher leicht nachzuvollziehen, daß ein Taucher nach der Sparatmung einen roten Kopf begleitet von Kopfschmerzen aufweist. Die Folgen sind insgesamt noch einmal verkürzt in der unteren Tabelle dargestellt.

2.1.2. Tabellarische Darstellung der Wirkung der Sparatmung

	kurzfristig	mittelfristig	langfristig
Blutdruck	⇧	⇧	Hypertonie
Herzfrequenz	⇧		
Herzminutenvolumen	⇩		
Gefäßdurchmesser	⇩	⇩	Verengung
Sonstiges		roter Kopf und Kopfschmerz	

2.2. Hyperventilation

A: Beschreibung des Verlaufs

Die Atemzüge bei der Hyperventilation sind tief und schnell. Hier findet weder nach der Einatmung noch nach der Ausatmung eine Pause statt. Der Modus der Ein- und Ausatmung ist jeweils aktiv. D.h. es wird mit Kraft und gewollt ein- und ausgeatmet.

2.2.1. Tabellarische Darstellung der Hyperventilation

	relativ zu anderen Atemformen	absolute Einschätzung
Atem-Frequenz	⇧	30 pro Minute
Atemzugvolumen	⇧	1-2 Liter
Atemminutenvolumen	⇧	40-60 Liter
Atempause nach der EA	keine	keine
Atempause nach der AA	keine	keine
Modus EA	aktiv	
Modus AA	aktiv	

B: Beschreibung der Situation

Bei der Hyperventilation, die man auch außerhalb des Tauchbereichs häufig findet, geschieht meistens vor Eintritt der Hyperventilation eine Aufregung oder eine körperliche Anstrengung oder beides gleichzeitig. Die Aufregung wird von bestimmten Gedanken begleitet wie z.B.: "Das ist aber jetzt ganz schlimm." oder "Das ist so furchtbar, daß ich es nicht mehr aushalten kann."

C: Beschreibung der Folgen

Die emotionale Wirkung der o.g. Gedanken wird durch die Atmung verstärkt, Dies bewirkt körperliche Veränderungen wie z.B.: Erhöhung der Herzrate und stärkeres Klopfempfinden des Herzens. Dies wird wahrgenommen. Diese Wahrnehmung scheint dann die katastrophalen Gedanken zu bestätigen. Die Gedanken werden verstärkt wiederholt. Dies bewirkt wiederum eine Verstärkung der Hyperventilation und so weiter. Siehe hierzu den Teufelskreislauf I.

2.2.2. Tabellarische Darstellung verschiedener Formen der Hyperventilation

	Hyperventilation als Pendelatmung ohne Kontrolle	Hyperventilation als Pendelatmung mit Kontrolle (Stoßatmung)
Atemfrequenz	⇧	⇧
Atemzugvolumen	⇧	⇩
Einatemmodus	aktiv	passiv
Wirkung auf CO_2-Menge im Blut	⇩	keine Wirkung
Wirkung auf Sauerstoffgehalt im Blut	⇧	keine Wirkung

An der obigen Tabelle sieht man die Unterschiede zwischen der Hyperventilation und der Stoßatmung. Obwohl beide Atemformen hochfrequent sind, unterscheiden sie sich dennoch entscheidend in ihrer Wirkung auf die Atemgaspartialdrücke von CO_2 und O_2. Die bestimmenden Unterschiede sind in den grau schraffierten Zellen sichtbar gemacht. Das Atemzugvolumen ist bei der Stoßatmung niedriger. Es liegt in etwa beim Totraumvolumen von ca. 150 ml. Daher kann kein CO_2 abgeatmet werden. Warum der Sauerstoffpartialdruck konstant bleibt, ist aus physiologischer Sicht noch nicht geklärt. Die Angaben beziehen sich auf Untersuchungen, die zu diesen Atemformen stattgefunden haben. Der Einatemmodus ist passiv. D.h., daß diese Atemform ausatemorientiert stattfindet. Mit anderen Worten: die Ausatmung ist aktiv.

2.2.3. Wirkungen der Hyperventilation

$$CO_2\text{-Abatmung}$$
$$\Downarrow$$

$$\text{Alkalose}$$
$$\Downarrow$$

$$\text{Calcium - Mangel in der Muskulatur}$$
$$\text{durch Reaktion der vorhandenen Calciumionen mit}$$
$$\text{Eiweißanionen}$$
$$\Downarrow$$

$$\text{akuter Calcium - Mangel}$$
$$\Downarrow$$

$$\text{tetanische Krämpfe in der Beugemuskulatur}$$
$$\Downarrow$$

$$\text{Embryonalstellung und Bewußtseinsverlust}$$

2.3. Essoufflement

A: Beschreibung des Verlaufs

Phase 1:
Beim Tauchen gegen die Strömung oder bei anderen Situationen, bei denen es zur körperlichen Anstrengung kommt, entsteht immer ein erhöhter Atembedarf. Die Folge ist die Erhöhung des Atemzugvolumens. Das Atemzugvolumen kann jedoch auch dadurch erhöht werden, daß es in der Bewertung, der Beurteilung bzw. Deutung von inneren oder Äußeren Ereignissen wie z.B. das Sehen eines großen Fisches (äußeres Ereignis) oder das Erinnern an einen früheren Beinah-Tauch-Unfall (inneres Ereignis) zu gesteigerter Erregung kommt. Die Ursachen für die Steigerung des Atemzugvolumens können vielseitig sein und miteinander vermischt auftreten.

Phase 2:
In dieser Phase ist die Erregung so gesteigert, daß die Erhöhung des Atemzugvolumens nicht mehr ausreicht. Hierbei kann man eine Fallunterscheidung machen:

Fall 1: Tatsächlicher Sauerstoffbedarf ist sehr hoch.
Der Taucher hat hier noch die Kontrollüberzeugung über die Situation, in der er sich befindet. Er ist bemüht, die Atemfrequenz zu senken. Sein Atemmodus ist eher ausatemorientiert, d.h. sein Ausatemmodus ist aktiv und sein Einatemmodus ist eher passiv.

Fall 2: Tatsächlicher Sauerstoffbedarf ist nicht hoch.
Der Taucher hat hier aus zwei Gründen nicht mehr die Kontrolle über die Situation, aber er meint, er hätte sie. Erstens, er meint, mehr atmen zu müssen, obwohl er physiologisch nicht muß. Der Taucher bemerkt diese Diskrepanz nicht. Zweitens, er atmet schneller, obwohl er damit sein Atemminutenvolumen nicht steigert. Er erhöht die Atemfrequenz. Je schneller er atmet, desto niedriger wird sein Atemzugvolumen. Der Taucher bemerkt diesen Zusammenhang nicht. Er beginnt in eine Spirale der Pendelatmung einzutreten.

Phase 3:
Hier wird das Atemzugvolumen noch weiter abgesenkt. Dies geschieht nicht aufgrund der Ermüdung der Atemmuskulatur. Die Energiereserven in der Atemmuskulatur sind so hoch, daß eine Ermüdung physiologisch nicht möglich ist. Die Absenkung des Atemzugvolumens ist vielmehr eine Folge der beginnenden Wechselwirkung zwischen Atmung und dem Bewußtsein. Die Pendelatmung hat eine leicht hypnotisierende Wirkung. Das ständige Ein- und Ausatemgeräusch, das monoton von Wendepunkt zu Wendepunkt in der Aufmerksamkeit des Tauchers hin- und herpendelt, wirkt stark beeinflussend und reißt den Beobachter* dieses Vorganges sehr schnell und fast unmerklich in eine Beobachtungsspirale, in der sich der Betrachter völlig verlieren kann, und so zu einem Zustand führt, in dem sich der Taucher nicht mehr angemessen in seiner Umgebung verhält. Dies klingt sehr kompliziert. Es ist jedoch sehr einfach. Der Verstand, die kritisch eingestellte Kontrollinstanz zur Realitätsüberprüfung, wird einfach Atemzug für Atemzug abgeschaltet. Das schnelle Ventilieren am Lungenautomaten hat für den Hyperventilierenden in Phase 3 eine gewisse faszinierende Wirkung.

Phase 4:
Die Kurzatmigkeit ist eine gute Umschreibung dieses Zustandes. Das Atemzugvolumen ist so weit reduziert, daß es sich nur noch um die sogenannte Todraumventilation handelt. Sie beträgt in etwa 150 ml Luft. Theoretisch wird nur noch diejenige Luft ventiliert, die sich im Mund, Rachen, Trachea und in der Bronchilastverzweigung befindet. Meßtechnisch ist dies noch nicht überprüft worden. Dies wäre technisch auch sehr aufwendig, wenn nicht sogar unmöglich. Zumindest kann man sagen, daß der effektive Gasaustausch in der Lunge mit Blick auf den gleichzeitig stark gesteigerten Erregungszustand des Organismus eine kritische Grenze überschritten hat. CO_2 wird kaum noch effektiv abgeatmet. Inwieweit eine Stickstoffintoxikation prozeßbegleitend in die zentrale Atemsteuerung und in das Bewußtsein mit einwirkt, ist wissenschaftlich ebenfalls ungeklärt und für uns hier überhaupt nicht wesentlich. Wichtig ist, daß wir es hier mit 4 Faktoren zu tun haben.

1. Totraumventilation
2. hohe Erregung
3. Bewußtseinseinschränkung
4. größere Tiefe, 30-40 Meter

---

*den Hyperventilierenden selbst

Die ersten drei Faktoren interagieren nun miteinander. Ihre Wechselwirkung kann sich ungestört ausbreiten. Der Verstand hat sich bereits in Phase 3 abgeschaltet. Ohne, daß es der betroffene Taucher bemerkt, betreibt er Totraumventilation. Dadurch ist nun der Weg frei für Phase 5.

Phase 5:
Hier etabliert sich nun die CO_2-Intoxikation. Diese alleine hat bereits einschneidende Wirkung auf das Bewußtsein. Wenn Studenten in einem Labor während der "Qualitativen Analyse" von anorganischen Substanzen sich einen Spaß daraus machen, an der CO_2-Flasche zu atmen, dann tun sie das deswegen, weil sie dann immer nach einigen Atemzügen in einen Zustand gelangen, bei dem es sich so wunderbar lachen läßt. Alles scheint egal zu sein. Den gleichen Zustand hat nun auch der Totraumventilierende erreicht. Aber es interagieren hier in dieser Phase nun 5 Faktoren miteinander:

1. Totraumventilation   hypnotisierend, CO_2 anreichernd
2. hohe Erregung   hoch ventilierend
3. Bewußtseinseinschränkung   keine Realitätskontrolle
4. große Tiefen, 30-40 Meter Verminderte optische Kontrolle
5. CO_2-Intoxikation   entspannend, verrückt, irrational lachend

Phase 6:
Die Wechselwirkung dieser 5 Faktoren bringt den Taucher in Verhaltensweisen hinein, die absolut lebensbedrohlich sind. So neigt der Taucher in dieser Phase dazu, einem vorbeikommenden Fisch seinen Lungenautomaten anzubieten. Die Gefahr der Aspiration von Wasser steigt auf ein Maximum. Wenn dies geschieht, dann hat das das Ertrinken zur Folge. Eine Tauchrettung ist hier noch möglich. Der klinische Tod ist bei weitem noch nicht eingetreten.

2.3.1. Tabellarische Darstellung der 6 Phasen von Essoufflement

	Bezeichnung der Phase	Kennzeichen der Phase
Phase 1	verstärkte Ventilation	Atemzugvolumen ⇑
Phase 2	Hyperventilation	Atemfrequenz ⇑
Phase 3	Hyperventilation mit Verringerung des Atemzugvolumens	Atemzugvolumen ⇓ Atemfrequenz ⇑
Phase 4	Essoufflement	Atemzugvolumen = Todraumvolumen
Phase 5	Tiefenrausch	Lachen: CO_2-Intoxikation
Phase 6	Tod durch Ertrinken	H_2O-Aspiration

2.3.1.1. Grundsätzliches zu Ursachendiskussion von Essoufflement

Für den Taucher ist es wesentlich, die beobachtbaren Faktoren, auf die er Einfluß hat, zu kennen, um früh genug in das Geschehen eingreifen zu können. Diese beobachtbaren Faktoren werden durch folgende Schritte sichtbar:

2.3.1.2. Die vier Schritte des Sicherheitstrainings von Essoufflement

Die Schritte	Prinzip	verwirklicht durch
1. Atmungskontrolle	Ausatemorientiertheit Kohlendioxidstabilisierung	Training der Ausatemmuskeln (siehe Abb. 1 "Ressourcen")
2. Angstabbau	Reizkonfrontation	Realisierung aversiver Atemsituationen
3. Klarheit	Explikation unbewußter Erfahrungsinhalte	Sprechen über Situationen in denen der Taucher Essoufflement an sich selbst erfahren hat.
4. Bewältigung	Ressourcenaktivierung Aufbau eines alternativen Reaktionsmusters	Bewältigen aversiver Atemsituationen

Die Beschreibung und Durchführungsschritte des "Sicherheitstrainings von Essoufflement" sind nicht Gegenstand von diesem Seminar. Die oben genannten Schritte werden hier nur grob beschrieben. Das "Sicherheitstraining von Essoufflement" ist sehr umfangreich und füllt das Volumen eines eigenen Seminars. Wichtig in der obigen Darstellung ist, daß die Einflußfaktoren des Tauchers sichtbar werden. Der Taucher kann mittels Atmungskontrolle, Angstabbau, Klarheit und Bewältigungskompetenz das Auftreten von Essoufflement vermeiden.

2.3.2. Tabellarischer Vergleich von Essoufflement mit Stoßatmung

	Stoßatmung	Essoufflement
Atemminutenvolumen	⇩	⇩
Atemfrequenz	⇧	⇧
Ausatemmodus	aktiv	aktiv
Einatemmudus	passiv	aktiv

Die obige Tabelle zeigt den Unterschied zwischen Stoßatmung und Essoufflement. Sehr auffällig und entscheidend ist, daß der einzige Unterschied im Einatemmodus besteht. Die Passivität des Einatemmodus ist ein wesentliches Instrument, um die massiv manipulierende Wirkung von Essoufflement zu verhindern. Dieser enorm kleine Unterschied wird im Essoufflement-Bewältigungs-Training ausgenutzt, so daß es für den Betroffenen, der bemerkt, daß er in den Essoufflement-Kreislauf eintritt, möglichst einfach ist, aus diesem Kreislauf auszubrechen. Er muß einfach nur zur Ausatemorientiertheit zurückkehren. Praktisch ausgedrückt heißt das: "Er muß beginnen, die Ausatmung aktiv und die Einatmung passiv durchzuführen." Um zu erfahren, wie man das durchführt und wie man es lernt, beide Modi voneinander zu unterscheiden, sollte das Atemseminar vermitteln. Praxis muß eben erfahren werden.

3. Beschreibung des Atemvorganges: Faktoren der Atmung

Atmung ist grundsätzlich beschreibbar. Bei der Beschreibung wird hier besonders darauf geachtet, daß es sich um solche Ebenen handelt, die erstens vom Taucher wahrnehmbar und zweitens von ihm auch beeinflußbar sind. Wenn diese beiden Kriterien zugrunde gelegt werden, dann erhält man auf der beschreibenden Ebene 14 Faktoren, die im weiteren genauer beschrieben sind. Die Beschreibung der Faktoren ist für das bessere Verständnis von Atmung und deren Bedeutung für das Tauchen von großer Wichtigkeit. So kann man mit Hilfe dieser Faktoren sowohl die gesundheitsgefärdenden als auch die gefahrabwendenden Atemtechniken hinreichend beschreiben und in die Praxis umsetzen.

3.1. Atemfrequenz
Der Begriff Atemfrequenz wird hier benutzt und bezieht sich immer auf die Atemzüge pro Minute. Als Abkürzung wird das Kürzel **AF** benutzt.

3.2. Atemzugvolumen
Der Begriff Atemzugvolumen ist hinreichend aus der Notfallmedizin bekannt. Er bezieht sich auf das Volumen pro Atemzug. Die gebräuchliche Abkürzung dafür ist **AZV**. Der numerische Wert stellt das Volumen in Milliliter (ml) dar.

3.3. Atemminutenvolumen
Der Begriff Atemminutenvolumen bezieht sich auf das Volumen, welches innerhalb einer Minute insgesamt ventiliert worden ist. Der Begriff wird abgekürzt mit dem Kürzel **AMV**. Das AMV suggeriert, daß es sich um tatsächlich am Gasaustausch beteiligte Luftmengen handelt. Dies ist jedoch nicht immer der Fall. Denken wir nur an die sogenannte Totraumventilation (**TV**). Bei der TV kann die Atemfrequenz sehr hoch sein, das resultierende AMV scheint hinreichend zu sein, jedoch ist die Verteilung der einzelnen Volumina auf jeden einzelnen Atemzug so ungünstig, daß fast kein effizienter Gasaustausch in den Alveolen stattfinden kann.

3.4. Einatemdauer
Dieser Begriff stellt einfach die Zeit in Sekunden dar, die notwendig ist, um die Einatmung durchzuführen.

3.5. Ausatemdauer
siehe Einatemdauer und übertrage entsprechend.

3.6. progredienter Verlauf
Dies ist ein wichtiger Begriff für die Qualität der Atmung. Während medizinische Begriffe weitestgehend nur die quantitativen Atembegriffe verwenden, sollen hier qualitative Atembeobachtungen eingeführt werden, welche zur Abwendung von z.B. Essoufflement von besonderer Bedeutung sind. Der progrediente Verlauf einer Atemphase sieht folgendermaßen aus. Das Volumen, das pro Zeiteinheit z.B. pro Sekunde ein- bzw. ausgeatmet wird, ist nicht gleich, sondern anwachsend oder abfallend. Diese Unterscheidung wird erst bei bestimmten Atemtechniken sehr wichtig, bei denen die Einatem.- bzw. Ausatemdauer von 20 bis 60 Sekunden beträgt.

3.7. linearer Verlauf
Siehe auch progredienter Verlauf (3.6). Hierbei beträgt das ein- bzw. ausgeatmete Volumen pro Zeiteinheit immer konstant denselben Wert. Es ist z.B. so, daß bei der Atemtechnik ''Strömungsatmung'' das Einatemvolumen pro Sekunde für die Dauer von 50 Sekunden 100 ml pro Sekunde beträgt. Dieser Wert stellt kein arith-metisches Mittel dar, sondern diese 100 ml werden während der ersten 10 Sekunden jeweils pro

Sekunde ventiliert. Sie werden aber auch innerhalb der letzten 10 Sekunden der Einatemdauer je Sekunde exakt mit diesem Betrag ventiliert. Also zu jeder Sekunde während der Einatmung, egal an welchem Zeitpunkt, werden stets immer genau 100 ml ventiliert. Dies meint der Begriff linearer Verlauf.

3.8. Der Wendepunkt
Der Wendepunkt der Atmung ist einfach das Übergehen von der Einatmung in die Ausatmung oder das Übergehen von der Ausatmung in die Einatmung. Dieser Wendepunkt kann gestoppt oder verbunden durchgeführt werden. Gestoppt bedeutet, daß es eine kurze Unterbrechung zwischen den einzelnen Atemphasen gibt. Also bevor nach der Ausatmung wieder eingeatmet wird, findet eine kurze Unterbrechung statt. Das Gleiche kann dann auch nach der Einatmung stattfinden, also kurz bevor wieder ausgeatmet wird. Verbunden bedeutet, daß es eben keine Unterbrechung zwischen den einzelnen Atemphasen gibt. Also unmittelbar nach der Ausatmung findet die Einatmung statt. Der Übergang ist fließend und schnell.

3.9. Die Ein-Atem-Pause
Die Einatempause ist die Zeit in Sekunden, die vergeht nach Beendigung der Einatmung bis die Ausatmung beginnt. Der Begriff wird abgekürzt mit dem Kürzel **EAP**.

3.10. Die Aus-Atem-Pause
Siehe Ein-Atem-Pause und übertrage analog.

3.11. Der Atemmodus
Dies ist eine weitere Differenzierung der Qualität der Atmung während der Ein.- bzw. Ausatemphase. Diese Atemphasen bei denen es zur Ventilation kommt, kann aktiv oder aber auch passiv sein. Aktiv und passiv beziehen sich jeweils auf den willentlichen Aufwand, den der Atmende bewußt betreibt. Die Abkürzung, die dafür verwendet wird ist "**a**" oder "**p**". Aktiv bedeutet: mit Kontraktion der entsprechenden Muskulatur. Passiv bedeutet: ohne Kontraktion.

3.12. Atemmittellage
Das ist derjenige Bereich, bei dem die Ein- und die Ausatemmuskulatur vollständig entspannt sind. Von diesem Punkt ausgehend, könnte man aktiv sowohl ein- oder aber auch ausatmen. Wichtig ist, daß, egal ob man ein- oder ob man ausatmet, dies von der Atemmittellage immer nur aktiv geschehen kann, während danach das Zurückkehren zur Atemmittellage immer nur passiv geschieht.

3.13. Trend
Winkelgrad der Einatemkurve. Steilheit der Einatemkurve. Je steiler der Winkel, desto höher der Trend. Je höher der Trend, desto höher ist die Gefahr von Essoufflement.

3.14. Periodizität
Die Tendenz, das bestehende Atemmuster zu wiederholen. Die Periodizität ist unabhängig davon, ob das bestehende Atemmuster physiologisch gerecht ist oder nicht. Bei der Hyperventilation ist die Periodizität sehr hoch.

4. Medizinische Paradigmen in der Atmung

4.1. Das "Sauerstoff-Paradigma"

> Ohne Sauerstoff ist Leben unmöglich

Es geht hier nicht um die Richtigkeit dieser Aussage, sondern es geht hier um die Einseitigkeit der Auslegung dieses Satzes.

- mögliche Schlußfolgerung

> Viel Sauerstoff hilft viel

- weitere mögliche Schlußfolgerungen

> also muß ich viel einatmen

- weitere mögliche Schlußfolgerungen

> also muß ich die eingeatmete Luft in meiner Lunge behalten

Dieser vorgegebene Weg von Schlußfolgerungen ist nur eine von vielen denkbaren Richtungen, in denen die Schlußfolgerungen sich entwickeln können. Gemeinsam an ihnen ist eine gewisse Plausibilität und Übereinstimmung mit dem Grundparadigma. Wir wollen hier den Fall betrachten, der eintritt, wenn die Schlußfolgerung in die oben beschriebene Richtung gelaufen ist.

Konsequenzen der Paradigmen und Schlußfolgerungen auf der Ebene des Verhaltens:

> Schlundverschluß
> Lungenüberdruck
> Blutdruckerhöhung

Die physiologische Erklärung für diesen Reaktionsweg wird in einem anderen Abschnitt behandelt.

Kritische Diskussion des "Sauerstoffs Paradigma"

Tauchen hat, und das sollte allgemein bekannt sein, etwas mit Urlaub, Entspannung, Wahrnehmung und Erlebnis zu tun. Zu diesem Tauchen zähle ich nicht nur das Gerätetauchen, sondern auch das Apnoetauchen. Beide Formen des Tauchens gelingen im Grunde nur dann, wenn der Taucher ein gewisses Vertrauen in seinen Körper setzt und dadurch entspannt und innerlich gelöst unter Wasser steigen kann. Und dies wäre ein angemessenes Paradigma für den Taucher:

> **Kontrolle** und Check der Technik und des Partners **und**
> **Vertrauen**
> in die Fähigkeiten des eigenen Körpers

Eines sollte sicher sein:

> kein Vertrauen ohne **Entspannung**

Und dies ist physiologisch sehr viel sinnvoller. Jemand, der entspannt und gelöst in den Apnoetauchgang geht, hat einen weitaus geringeren Sauerstoffgrundverbrauch, als jemand, der sich vorher mit Hilfe von Hyperventilation mit Luft vollpumpt und danach aufgeregt und innerlich getrieben von Leistungszwängen durch die Bahnen prescht.

Der tatsächliche Sauerstoffverbrauch ist ja nicht nur vom Sauerstoff-Angebot abhängig, sondern auch vom Sauerstoff-Verbrauch. und gerade auf diesen Sauerstoff-Verbrauch haben wir durch unser Verhalten und durch unser Denken maximalen Einfluß.

Welches Alternativverhalten wir anstatt von Hyperventilation konkret praktizieren sollten, wird in dem Abschnitt über neue Atemtechniken genau beschrieben. Hier soll nur auf die Bedeutung der gedanklichen Ebene eingegangen werden.

4.2. Das "Kohlendioxid-Paradigma"

> Kohlendioxid ist ein Verbrennungsprodukt

Auch hier geht es nicht um die Richtigkeit dieser Aussage, sondern es geht hier um die Einseitigkeit der Auslegung dieses Satzes.

- mögliche Schlußfolgerung

> Verbrennungsprodukte müssen abgeatmet werden

- weitere mögliche Schlußfolgerung

> Ich muß schneller atmen

Auch dieser vorgegebene Weg von Schlußfolgerungen ist nur eine von vielen denkbaren Richtungen, in denen die Schlußfolgerungen sich entwickeln können. Gemeinsam an ihnen ist eine gewisse Plausibilität und Übereinstimmung mit dem Grundparadigma. Wir wollen hier den Fall betrachten, der eintritt, wenn die Schlußfolgerung in die oben beschriebene Richtung gelaufen ist.

Konsequenzen der Paradigmen und Schlußfolgerungen auf der Ebene des Verhaltens:

> schnelleres Atmen
> erhöhte Atemfrequenz
> Hyperventilation

Kritische Diskussion des "Kohlendioxid-Paradigma"

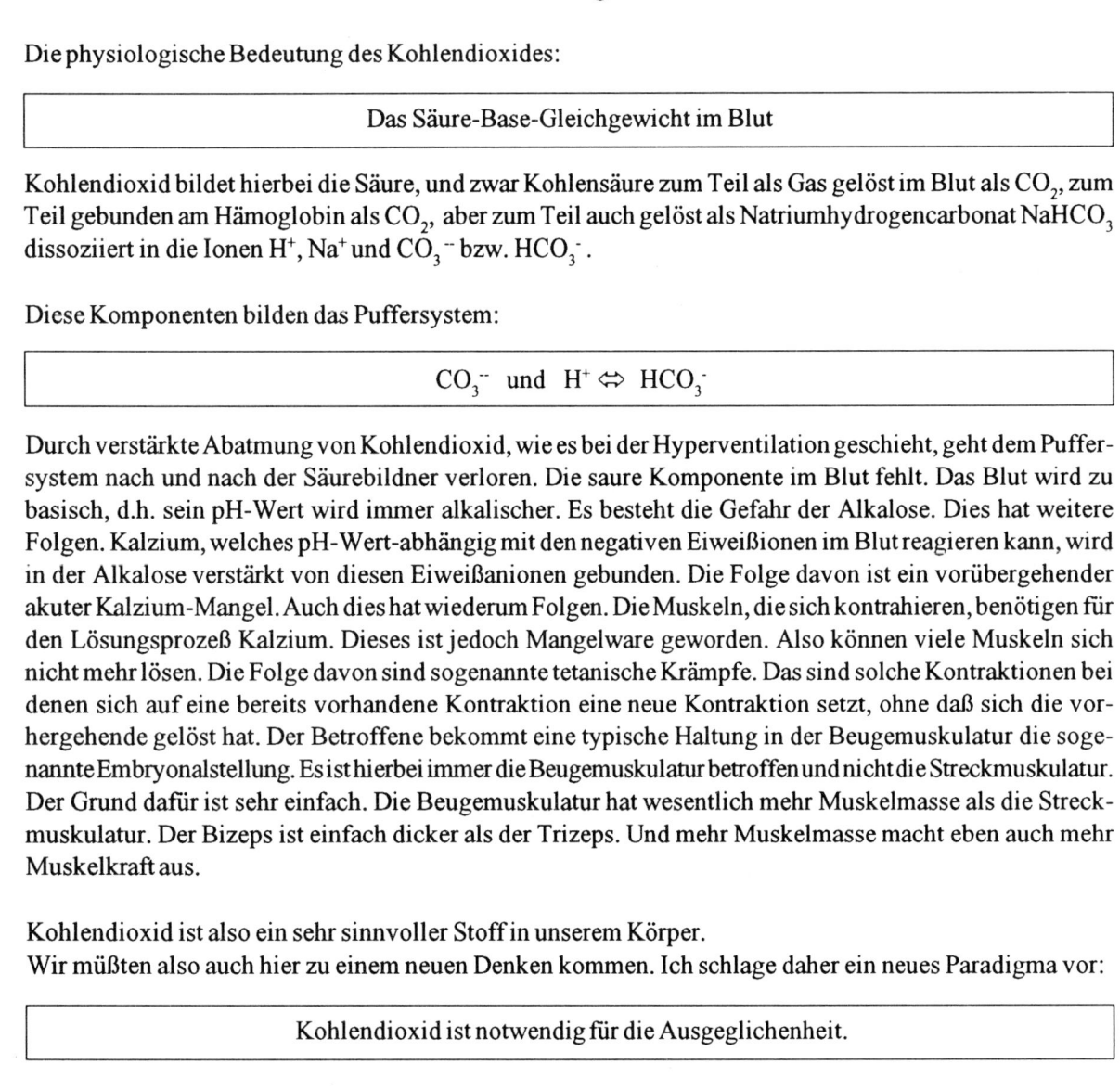

Die physiologische Bedeutung des Kohlendioxides:

> Das Säure-Base-Gleichgewicht im Blut

Kohlendioxid bildet hierbei die Säure, und zwar Kohlensäure zum Teil als Gas gelöst im Blut als CO_2, zum Teil gebunden am Hämoglobin als CO_2, aber zum Teil auch gelöst als Natriumhydrogencarbonat $NaHCO_3$ dissoziiert in die Ionen H^+, Na^+ und CO_3^{--} bzw. HCO_3^-.

Diese Komponenten bilden das Puffersystem:

> CO_3^{--} und $H^+ \Leftrightarrow HCO_3^-$

Durch verstärkte Abatmung von Kohlendioxid, wie es bei der Hyperventilation geschieht, geht dem Puffersystem nach und nach der Säurebildner verloren. Die saure Komponente im Blut fehlt. Das Blut wird zu basisch, d.h. sein pH-Wert wird immer alkalischer. Es besteht die Gefahr der Alkalose. Dies hat weitere Folgen. Kalzium, welches pH-Wert-abhängig mit den negativen Eiweißionen im Blut reagieren kann, wird in der Alkalose verstärkt von diesen Eiweißanionen gebunden. Die Folge davon ist ein vorübergehender akuter Kalzium-Mangel. Auch dies hat wiederum Folgen. Die Muskeln, die sich kontrahieren, benötigen für den Lösungsprozeß Kalzium. Dieses ist jedoch Mangelware geworden. Also können viele Muskeln sich nicht mehr lösen. Die Folge davon sind sogenannte tetanische Krämpfe. Das sind solche Kontraktionen bei denen sich auf eine bereits vorhandene Kontraktion eine neue Kontraktion setzt, ohne daß sich die vorhergehende gelöst hat. Der Betroffene bekommt eine typische Haltung in der Beugemuskulatur die sogenannte Embryonalstellung. Es ist hierbei immer die Beugemuskulatur betroffen und nicht die Streckmuskulatur. Der Grund dafür ist sehr einfach. Die Beugemuskulatur hat wesentlich mehr Muskelmasse als die Streckmuskulatur. Der Bizeps ist einfach dicker als der Trizeps. Und mehr Muskelmasse macht eben auch mehr Muskelkraft aus.

Kohlendioxid ist also ein sehr sinnvoller Stoff in unserem Körper.
Wir müßten also auch hier zu einem neuen Denken kommen. Ich schlage daher ein neues Paradigma vor:

> Kohlendioxid ist notwendig für die Ausgeglichenheit.

und bezogen auf die Atemfrequenz schlage ich ein sehr altes Paradigma vor:

> weniger ist mehr

Von diesem Denken ist es zur Entspannung nun nicht mehr sehr weit.

4.3. Das "Vital-Funktion-Paradigma"

Ich will dieses Paradigma nur ganz kurz behandeln. Es ist natürlich richtig, wenn die Notfallmediziner an Hand der Atemtätigkeit feststellen, daß ein Bewußtloser nicht in akuter Lebensgefahr schwebt. Aber der Umkehrschluß ist nicht zulässig. Wir brauchen nicht immerzu zu atmen. Z.B. im Schlaf atmen wir nur 3 bis 7 mal pro Minute. Entspannung senkt die Atemfrequenz. Aber auch Konzentration senkt die Atemfrequenz.

Wenn wir z.B. klassische Musik gerne hören, und wir uns ganz auf eine sehr feinfühlige Sequenz von z.B. Geigen konzentrieren, um auch noch die letzte Feinheit heraushören zu können, dann steht unser Atem. Der Atem würde unsere Konzentration erheblich stören. Das Interessante daran ist, daß wir gar nicht willentlich entscheiden müssen, daß unser Atem stehen soll, damit wir uns gut konzentrieren können. Es geschieht wie von selbst, also mühelos. Diese Beobachtung sollte uns zu einem neuen Denken führen nämlich:

Konzentration und Atmung stehen in einer direkten Funktion zueinander.

> Je weniger Atem innerhalb des Wachheitszustandes, desto mehr Konzentration ist vorhanden.

5. Ausgewählte physiologische Aspekte der Atmung

Es soll nicht sein, daß hier bestimmte Themen, die bereits in der Tauchrettung und in der Tauchmedizin I + II aufgezeigt worden sind, lediglich wiederholt werden. Daher findet hier eine Eingrenzung statt auf solche Bereiche der Physiologie, die mit Blick auf das Atemgeschehen von besonderer Bedeutung sind.

5.1. Die Atmung, das Tor zum Vegetativum

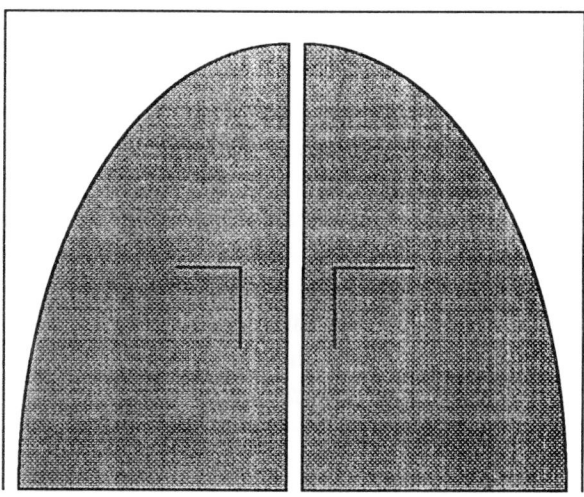

Der motorische Vorgang der Atmung hat eine besondere Eigenschaft: er ist von zwei völlig verschiedenen Zentren des Nervensystems ansteuerbar und zwar vom Atemzentrum in der Medulla Oblongata, einem Zentrum im verlängerten Rückenmark, aber auch von der Großhirnrinde. D.h. unbewußt, gesteuert durch körpereigene Meßstellen, meßtechnisch bezogen auf den Kohlendioxidgehalt des Blutes, aber auch bewußt über das Denken oder die willentliche Absicht des Menschen. Die Atemmotorik ist die einzige Instanz, die wir kennen, die in diesem Maße diese ''Doppelansteuerbarkeit'' besitzt.

Dies hat weitreichende Konsequenzen. Das Atemzentrum in der Medulla Oblongata regelt den Atemprozeß aufgrund von körpereigenem Input. Also körpereigene Signale, abhängig unter anderem vom Kohlendioxid-Gehalt des Blutes. Es baut sich also stets ein Rückkopplungsprozeß auf mit Vernetzungen und Verzweigungen in weitreichende vegetative Organsysteme wie Herz, Lunge, Gefäße, Blut und so weiter.

Rückkopplungsprozeß bedeutet hier, daß der Körperzustand die Atmung beeinflußt, aber eben auch, daß die Atmung den Körperzustand und damit das gesamte Vegetativum beeinflußt. Mit Vegetativum sind hier alle anderen nicht willkürlich beeinflußbaren Organvorgänge gemeint wie Herzfrequenz, Verdauungsgeschwindigkeit, Nierentätigkeit und so weiter.

In dem Moment, wo wir willkürlich die Atmung manipulieren, greifen wir nicht nur in das Lungensystem ein, sondern auch in das Blutsystem, die Blutgaswerte und das gesamte Zentralen Nervensystem, welches wiederum Einfluß auf alle anderen Organe hat. So ist es also nicht verwunderlich, daß das Zentrale Nervensystem bei Hyperventilation, wenn diese zu weit geht, einfach vorübergehend das Gehirn bzw. das Bewußtsein abschaltet, damit der Hyperventilierende endlich mit diesem groben Unfug aufhört und der Körper die Chance hat, sich wieder auszubalancieren.

Wenn es uns jedoch gelingt, die Atmung über längere Zeit zu manipulieren, ohne daß das Zentrale Nervensystem ''die Notbremse zieht'' und das Gehirn vorübergehend abschaltet, dann ist der Weg frei für weitreichende Manipulationen über den Weg der Atmung, über das Zentrale Nervensystem in alle anderen Organsysteme hinein. Dann läßt es die Natur unseres Körpers zu, daß wir uns bewußt mit unserem Körper verbinden und eine Einheit bilden. Es ist eben alles mit allem eng verbunden. Daher können wir sagen, daß die Atmung das Tor zum Vegetativum darstellt. Richtig angewandt führt dies zu einer enormen Senkung fast aller Organfunktionen, die beim Tauchen dazu genutzt werden können, anstatt mit Leistungsdruck mit viel mehr müheloser Entspannung und müheloser Konzentration vor, während und nach dem Tauchgang sich selbst und seine Umgebung erleben zu können.

5.2. Die Atmung, der Weg zur Konzentration und Wahrnehmung

Konzentration ist ein Vorgang der durch Atmung entsteht, begleitet und aufrechterhalten wird. Tauchen ohne maximale Wachheit und Konzentration ist ein leichtsinniges Unterfangen, das für den Tauchlehrer/Führer mit seiner Verantwortung nicht zu vereinbaren ist. Konzentration führt ohne Frage zu mehr Tauchsicherheit. Es ist also ein guter Grund sich mit der Frage zu beschäftigen wie und in welcher Weise Atmung und Konzentration miteinander zusammenhängen.

Innerhalb des Zustandes der Wachheit, also mit Bewußtsein, findet man eine Beziehung zwischen Atmung und Konzentration, die der Mathematiker mit einer inversen Funktion beschreiben würde. D.h. Je mehr Atmung, desto weniger Konzentration. Je weniger Atmung, desto mehr Konzentration.

$$\text{Atmung} \Uparrow \Leftrightarrow \text{Konzentration} \Downarrow$$

$$\text{Atmung} \Downarrow \Leftrightarrow \text{Konzentration} \Uparrow$$

Das bedeutet, daß die Konzentration die Atmung beeinflußt. Oder aber auch umgekehrt, daß die Atmung die Konzentration beeinflußt.

$$1. \text{ Atmung} \Rightarrow \text{Konzentration}$$

$$2. \text{ Konzentration} \Rightarrow \text{Atmung}$$

Ein Beispiel zum ersten Punkt:
Schauen Sie auf einen Punkt und schauen Sie nur auf diesen Punkt, ohne zu atmen. Und nun schauen Sie auf den gleichen Punkt und denken Sie daran, daß Sie alle 4 Sekunden ein- und ausatmen müssen. Und zum Schluß fragen Sie sich: Wann habe ich den Punkt konzentrierter wahrgenommen, währen des "Nichtatmens" oder während des Atmens? Sie werden feststellen, daß die Atmung ein erheblicher Störfaktor bei der Konzentration sein kann

Ein Beispiel zum zweiten Punkt:
Hören Sie im Gespräch ihrem Gesprächspartner aufmerksam zu. Sie werden beobachten, daß sie genauso lange, wie ihr Gesprächspartner spricht, nicht einatmen werden. Erst wenn ihr Gesprächspartner zur Sprechpause bzw. zur eigenen Einatmung kommt, werden sie ebenfalls einatmen. Wenn sie jemandem zuhören wollen, der ohne "Punkt und Komma" wie ein Wasserfall redet, dann werden sie sehr schnell Mühe empfinden, konzentriert ihrem Gesprächspartner zu folgen, da sie dauernd in den Konflikt geraten: "Soll ich atmen oder noch zuhören". Einige Zuhörer sind nach einer Viertelstunde Zuhören so erschöpft, daß sie nicht mehr in der Lage sind, weiter effektiv zuhören zu können, wenn der Gesprächspartner ohne Pause redet. Damit wird klar, daß man mit Hilfe von Atemtechniken die Konzentration verändert.

5.3. Die Atmung: Die Betrachtung eines psycho-physiologischen Rückkopplungsprozesses oder "Der Teufelskreislauf I"

Folgende vier Ebenen bilden einen Rückkopplungsprozeß:

5.3.1. Verlaufsdiagramm des Rückkopplungsprozesses I

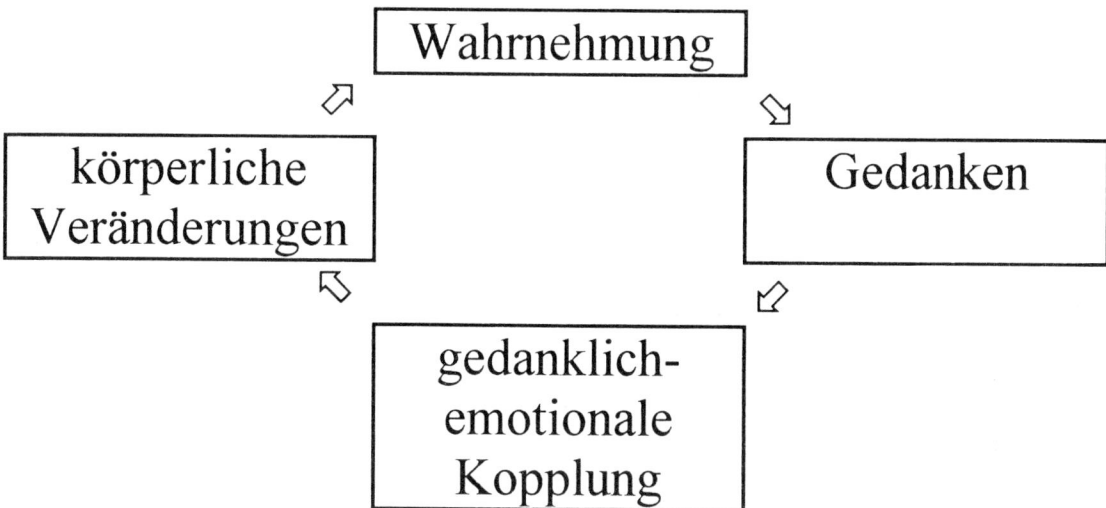

Bei einem solchen Kreislauf gibt es keinen Anfang und kein Ende. Das bedeutet, daß es völlig egal ist, wo er beginnt. Zum besseren Verständnis beginnen wir bei einer konkreten Instanz, nämlich der Wahrnehmung.

Die Wahrnehmung eines Atemimpulses findet statt. Daraufhin finden Gedanken statt wie:" Ich brauche Sauerstoff". Daraufhin bindet sich an diesen Gedanken ein Gefühl von Not. Folgedessen entstehen körperliche Veränderungen, welche dieses Gefühl von Not verstärken, wie z.B. Gefäßverengung, Herzfrequenzerhöhung, Blutdruckerhöhung und so weiter. Diese verstärken die Wahrnehmung des Atemimpulses. Die Gedanken können jetzt so aussehen: "Ich wußte doch, daß ich unbedingt Sauerstoff brauche, mein Körper wird immer unruhiger."

Was der Notleidende übersieht, ist, daß er aufgrund seiner anfangs körperlichen Erregung und seiner einseitig gedanklichen Interpretierung sich selbst in einen Teufelskreislauf bringt, der ihn viel eher als nötig zum Auftauchen zwingt.

5.4. "Der Teufelskreislauf II" bei Essoufflement

5.4.1. Verlaufsdiagramm des Rückkopplungsprozesses II

Beginnen wir wieder bei der Wahrnehmung. Hier nimmt der Taucher wahr, daß er mehr Luft braucht. Er befindet sich in der 1. Phase der verstärkten Ventilation, sein Atemzugvolumen steigt an. Er befindet sich noch im "Teufelskreislauf I". Daraufhin denkt der Taucher: "Ich brauche mehr Luft". Daraufhin fühlt der Taucher mehr Atemnot. Daraufhin entsteht mehr körperliche Erregung. Folgedessen tritt der Taucher in Phase 2, der Hyperventilation ein, er erhöht die Atemfrequenz. Er denkt schon wieder: "Ich brauche mehr Luft". Er fühlt verstärkt Atemnot. Folgedessen erhöht sich seine körperliche Erregung, welche er wiederum wahrnimmt. Und hier an dieser Stelle beginnt sich allmählich der "Teufelskreislauf II" zu etablieren.

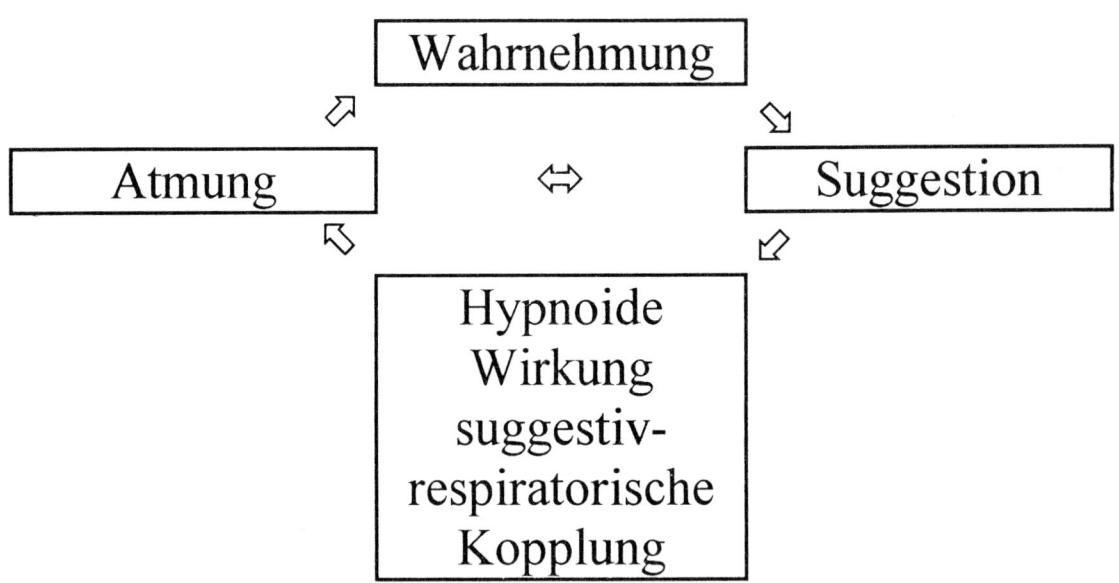

Anstatt des logisch-rationalen Verstandes mit seinen entsprechenden Gedanken etabliert sich ein anderes Bewußtsein, das mehr in Bildern und in Tönen denkt und von Tönen, Bildern und Geräuschen mehr beeinflußt/manipuliert wird als das normale Tagesbewußtsein. Der Rhythmus der Atmung ist nahezu vollständig Inhalt der Wahrnehmung geworden, weil sich der Taucher so sehr auf seine Atmung konzentriert hat. Das Bewußtsein nimmt die Verlaufsformen der schnellen Atmung in ihren Geräuschkonturen mitschwingend wahr. Der Atem folgt nicht mehr dem Bewußtsein, sondern das Bewußtsein folgt dem Rhythmus der Atmung. Diese Atmung hat nun suggestive Wirkung auf das Bewußtsein. Der Taucher gelangt in Phase 3. Seine Atemfrequenz steigt und sein Atemzugvolumen sinkt. Die Atmung wird weniger anstrengend. Diese Verringerung der Anstrengung suggeriert dem Taucher eine gewisse Gefahrlosigkeit. Er verringert weiterhin sein Atemzugvolumen. behält jedoch eine hohe Atemfrequenz bei. Er tritt in Phase 4 ein. Essoufflement etabliert sich. Das Atemzugvolumen entspricht nun dem Totraumvolumen. Der Taucher scheint von seiner eigenen Atmung hynotisiert zu werden. Nun tritt er in Phase 5 ein. Kohlendioxid reichert sich aufgrund der Totraumventilation an. Die hypnotisierende Wirkung des Atemmusters von Essoufflement trifft nun auf eine körperliche Unterstützung. Das Kohlendioxid wirkt ebenfalls manipulierend. Der Taucher verliert noch mehr Realitätsbezug. Phase 6 kann entstehen.

5.4.2. Tabellarische Darstellung der Phasen von Essoufflement

	Bezeichnung der Phase	Kennzeichen der Phase
Phase 1	verstärkte Ventilation	Atemzugvolumen ⇧
Phase 2	Hyperventilation (siehe Abb. 2 "Essoufflement")	Atemfrequenz ⇧
Phase 3	Hyperventilation mit Verringerung des Atemzugvolumens (siehe Abb. 2)	Atemzugvolumen ⇩ Atemfrequenz ⇧
Phase 4	Essoufflement (siehe Abb. 2)	Atemzugvolumen = Todraumvolumen
Phase 5	Tiefenrausch	Lachen: CO_2 Intoxikation
Phase 6	Tod durch Ertrinken	H_2O Aspiration

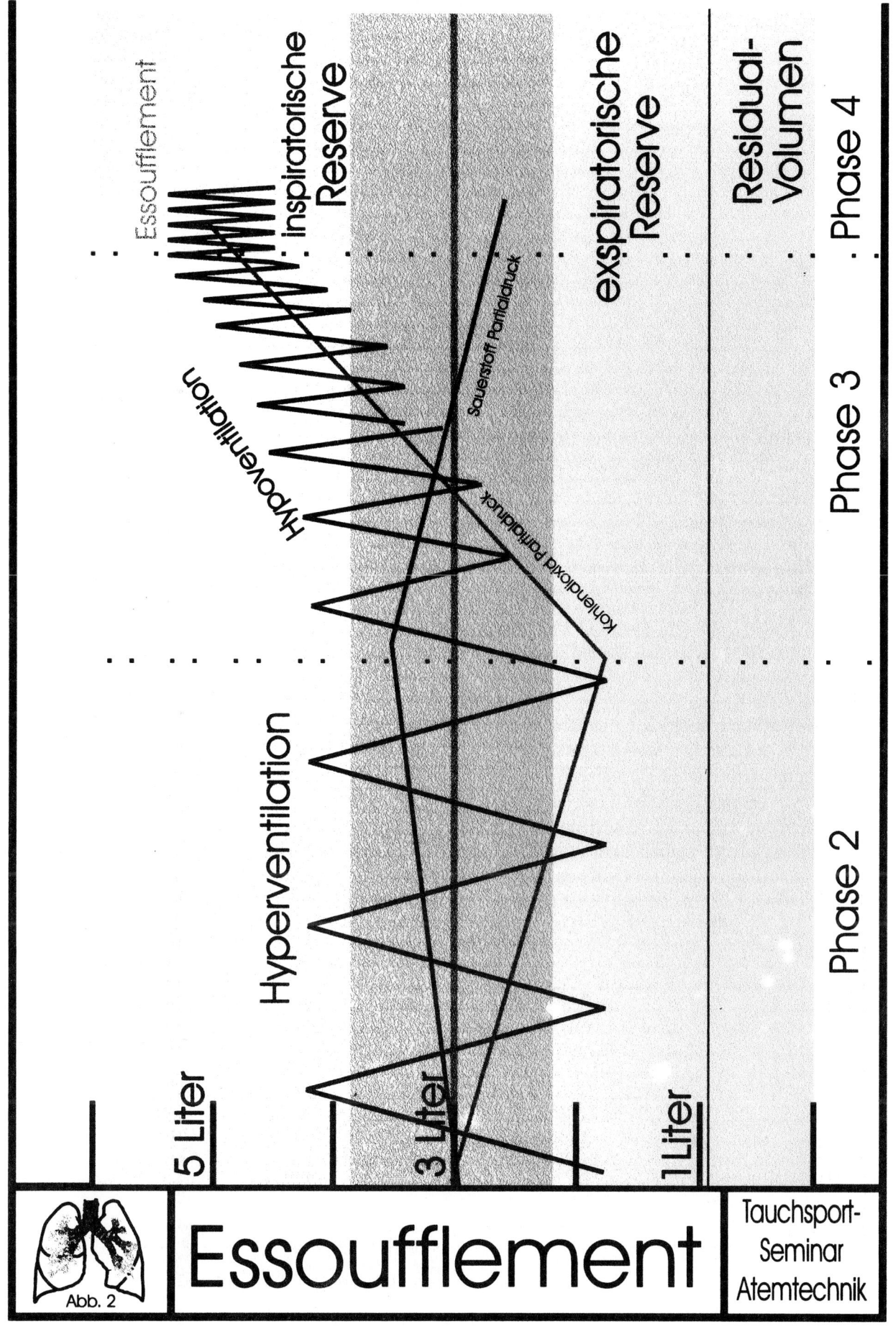

5.4.3. Spiralförmige Darstellung der 6 Phasen von Essoufflement

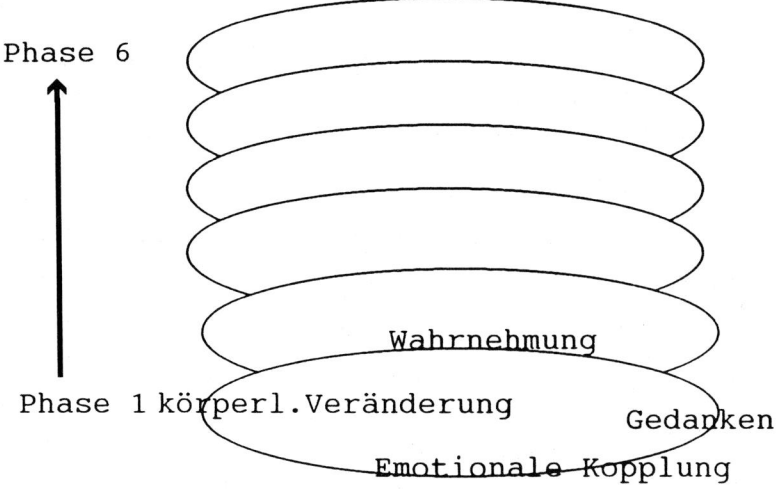

In der spiralförmigen Darstellung soll deutlich werden, daß die Rückkopplungsprozesse in jeder Phase existieren. Ab Phase 1 besteht der Rückkopplungsprozess I und ab Phase 3 der Rückkopplungsprozess II, wie oben im Text beschrieben.

5.5. Die Lunge, eine Unterdruckkammer

Nur durch einen vorübergehenden kleinen Unterdruck, der in der Lunge aufgrund der Kontraktion der Einatemmuskulatur entsteht, kommt es zum Einströmen von Luft. Wir nennen diesen Vorgang "Einatmung".

Dieser Unterdruck entsteht aufgrund der Weitung der Brustkorbes. Das Volumen nimmt also zu, während die Luft einige Zeit braucht um das neu entstandene Volumen vollständig mit Luft anzufüllen. Man könnte nun dem Irrtum anheimfallen, daß man entsprechend für die Ausatmung diesen Prozeß umkehrt und sagt, daß durch einen geringen Überdruck, nämlich, durch zusammenfallen/zusammenziehen des Brustkorbes, ein Überdruck entsteht, da die Luft wieder aus der Lunge heraustransportiert. Dies ist so nicht der Fall. Die Ausatmung dauert bekanntlicherweise viel länger als die Einatmung. Infolge dessen können die Druckunterschiede beim Ausatmen zwischen Lungeninnenraum und außen nicht den selben relativ hohen Wert betragen wie bei der Einatmung. Der Druckunterschied ist also nur minimal. Wahrscheinlich kann man ihn sogar ganz vernachlässigen. Die Ausatmung ist eben ein sehr langandauernder zeitsensibler, müheloser und vor allem sanfter Prozeß.

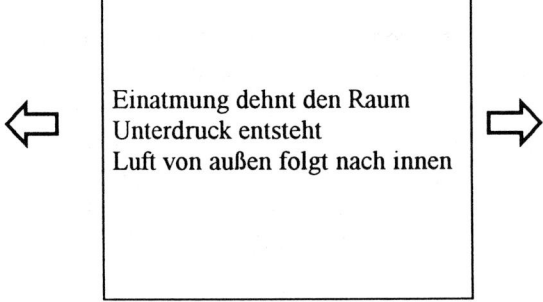

5.6. Die Wirkung von Überdruck in der Lunge auf das Herz-Kreislaufsystem (Überdruck = Druck > 5 mm Hg)

Wäre jede Ausatmung ein Prozeß, bei dem in der Lunge ein spürbarer Überdruck entstehen würde, dann hätte das erhebliche Folgen auf das Herz-Kreislaufsystem. Druck von außen auf das Herz, z.B. von der Lunge ausgehend, ist für das Herz eine erhebliche Belastung. Aber was passiert genau?

Das Herz ist ein Hohlorgan. Wenn die linke Herzkammer ihr Blut in die Aorta hineingepumt hat, ist die linke Kammer zunächst zusammengedrückt. Der Herzmuskel entspannt sich nun. Während dieser Entspannung ist das Herz darauf angewiesen, daß der Druck im venösen System ausreicht, um Blut in das Herz, also in die Vorhöfe zu bringen. In den Venen herrscht ein Druck von etwa fünf Millimeter Quecksilbersäule (5 mm Hg); dies ist ein sehr geringer Druck. Wenn wir eingeatmet haben und die Luft in der Lunge zurückhalten, indem wir den Schlund verschließen, dann kann in der Lunge ein erheblicher Überdruck entstehen. Er kann bis zu 40 mm Hg betragen. Das venöse Blut in der oberen und unteren Hohlvene kann dann durch den Lungenraum nicht hindurch hin zum rechten Vorhof des Herzens, da in den Hohlvenen nur 5 mmHg vorherrschen. Das gleiche passiert auf dem Weg von der Lunge zum linken Herz. Die Lungenvene, die das sauerstofffreiche Blut transportiert, ist ebenfalls ein Niederdrucksystem von etwas 5 mm Hg. Der Druck in der Lunge verengt die Lungenvene. Das Herz ist nach seiner Austreibphase vollkommen passiv. Es wartet auf den venösen Rückstrom. Wenn ein Druck von bis zu 40 mmHg in der Lunge vorherrscht, dann bleibt für das Herz der erwartete venöse Rückstrom aus. Die Vorhöfe füllen sich nicht mehr hinreichend mit Blut. Dies hat Folgen.

Das Herz erhöht sofort seine Frequenz, seinen Druck und es beginnt selbst wesentlich mehr Energie anzufordern, damit seine Muskulatur erhöhte Leistung bringen kann. Es entsteht vorübergehend Bluthochdruck (Hypertonie), eine hypertone Krise kann durch solch einen Prozeß begünstigt werden. Auf der Seite des Befindens entstehen andere merkwürdige Vorgänge. Der Betroffene fühlt sich zunächst wohler. Eine Blutdruckerhöhung hat eine Reduktion der sensorischen Rückmeldung des Körpers an das Gehirn zur Folge. D.h. wenn jemanden der Magen etwas kneift, oder man fühlt sich etwas unwohl im Rücken, dann werden diese sensorischen Meldungen vermindert oder gar nicht mehr zum Großhirn gemeldet. Der Grund dafür ist einfach.

	Halsvenenstau	Druck kleiner 5 mm Hg
Lunge als Druckkammer rings herum um das Herz	**Herz**	Druck größer 5 mm Hg
	Stau in der unteren Hohlvene	Druck kleiner 5 mm Hg

Immer wenn der Mensch Streß erlebte - so war es zumindest noch in der Steinzeit vor etwa 10 000 Jahren, wenn uns z. B. ein Wolf verfolgte - dann hatte unser Organismus überhaupt keine Zeit, sich mit einem Unwohlsein in der Magengegend zu befassen. Wir mußten kämpfen oder weglaufen und das möglichst schnell entscheiden. Eine sehr sinnvolle Reaktionsweise. Nun ist es aber immer noch so, daß wir bei Streß in der gleiche Art und Weise reagieren. Und wenn der Blutdruck erhöht wird, z.B. durch falsche Atmung, dann simulieren wir ungewollt eine erhebliche Streßreaktion. Folgedessen wird die sensorische Rückmeldung vermindert, infolge dessen fühlen wir uns beschwerdefrei und meinen:" Jetzt geht es mir gut". Dies ist eine

Erklärung dafür, warum der Taucher, der Sparatmung betreibt, sich während dessen unter Wasser wohl fühlt. Erst wenn er wieder auftaucht und zur normalen Atmung zurückkehrt, findet wieder sensorische Rückmeldung statt und er fühlt sich wesentlich schlechter.

5.6.1. Prinzipielle Darstellung der Wirkung des Überdruckes

```
1. Einatmung
    ⇩
2. Einatempause mit Schlundverschluß
    ⇩
3. Erschlaffen der Einatemmuskulatur
    ⇩
4. Überdruck in der Lunge
    ⇩
5. in der Lunge:    Perfusion ⇩ Ventilation ⇩
    ⇩
6. außerhalb der Lunge: Halsvenenstau
    ⇩
7. atembedingte Übersäurung des Blutes
    ⇩
8. roter Kopf und Kopfschmerzen
```

5.7. Die Wirkung von Unterdruck in der Lunge auf das Herz-Kreislaufsystem

Unterdruck in der Lunge findet in folgenden Situationen statt:

1. während jeder Einatmung in geringem Maße
2. während Apnoetauchen, abhängig von der Tiefe
3. während bestimmter Atemtechniken

Im folgenden wird die Wirkung von größeren Unterdrücken dargestellt, so wie sie bei Punkt zwei und drei stattfinden.

Grundsätzliches:
Grundsätzlich ist ein Unterdruck in der Lunge nicht schädlich, so wie es auf den ersten Blick scheint. Die Wirkung von Unterdruck ist sogar sehr günstig. Sie wirkt blutdrucksenkend, falls ein erhöhter Blutdruck vorlag. Dies geschieht auf folgende Weise:

Der Unterdruck in der Lunge hat die Eigenschaft Luft und Flüssigkeit in Richtung Lunge zu bewegen, um den Unterdruck möglichst schnell wieder auszugleichen. Wenn jedoch wie bei bestimmten Atemtechniken oder wie beim Apnoetauchen in bestimmten Tiefen keine Luft über die oberen Atemwege in die Lunge gelangen kann, weil der Schlund verschlossen ist, kann im Körper nur noch Flüssigkeit in Richtung Lunge bewegt werden. Als erstes bewegt der Unterdruck das venöse Blut innerhalb der oberen und unteren Hohlvene in Richtung Lungenmitte. Dort wo sich die Mitte der Lunge befindet, befindet sich auch das Herz.

Dieser Unterdruck begünstigt also erheblich den venösen Rückstrom zum Herzen. Der rechte Vorhof füllt sich also leichter und schneller mit mehr Blut gegenüber der Normaldrucksituation. Das Herz reagiert auf diesen Umstand, indem es seine Herzrate, seinen Kammerdruck und seine eigene Energieversorgung senkt. Auch die körperliche Peripherie reagiert auf diesen Umstand. Alle Gefäße weiten ihren Durchmesser. Infolgedessen sinkt der periphere Widerstand. Ein weiterer Grund für das Herz seinen Druck zu senken. Die Lunge speichert während des Unterdruckes erhebliche Blutmengen.

Wenn die Unterdruckphase beendet ist, und es findet nun Einatmung statt, dann trifft die sauerstoffreiche Atemluft auf ein sehr großes Blutangebot in der Lunge. Die Kontaktfläche zwischen der Gasphase (Luft) und der Flüssigkeitsphase (Blut) ist erheblich vergrößert. Die Partialdruckunterschiede zwischen Sauerstoff in der Einatemluft und Sauerstoff in der Blutphase sowie dem Kohlendioxid in der Einatemluft und dem Kohlendioxid in der Blutphase sind auf ein Maximum angestiegen, wenn der Atmende/Taucher es gelernt hat, während der Atempause/Unterdruckphase seine Erregung mental zu senken und dadurch längere Verweildauer erzielt.

Der Gasaustausch wird also durch die gravierenden Partialdruckunterschiede erheblich ökonomisiert und beschleunigt. Das Herz-Kreislaufsystem ist durch die Frequenzsenkung des Herzens und durch die Gefäßweitung der peripheren Gefäße ebenfalls erheblich ökonomisiert. Je weiter nun der Taucher seine mentale Erregungsdämpfung vorantreibt, desto tiefer gelangt er in diesen Rückkopplungskreislauf, bei dem er immer längere Verweildauer während der Unterdruckphase erzielt, durch welche er sich immer weiter entspannt, wodurch die Verweildauer ihrerseits wiederum länger wird. Dies ist ein Beispiel für einen Rückkopplungskreislauf, der durchweg positive und gesundheitsfördernde Wirkungen auf den Taucher hat. Die Technik im einzelnen wird in einem anderen Abschnitt besonders erläutert.

6. Die Atemübungen

6.1. Strömungsatmung

Bevor man die Strömungsatmung durchführen kann, sollte man erfahren haben, wie das Strömungsgeräusch/Reibelaut entsteht. Versuchen Sie das Strömungsgeräusch nach folgender Anweisung durchzuführen:

Definition: Reibelaut

> Ein Reibelaut entsteht durch Kontraktion des oberen Schlundschnürers während der Ein- und der Ausatmung.
> Die Kontraktion muß motorisch fein dosiert sein
> Die Kontraktion muß während der verschiedenen Atemphasen stabil gehalten und
> den Strömungsverhältnissen angepaßt werden.
> Der Reibelaut sollte konstant bleiben in Lautstärke und Frequenz während der gesamten
> Ein- und Ausatmung

Der obere Schlundschnürer

> ist ein Muskel, der am Schluckprozeß beteiligt ist.
> seine Form ist röhrenförmig
> seine Funktion ist der Transport der Nahrung während des Schluckvorganges
> während vieler Verhaltensweisen kontrahiert jeder von uns den oberen Schlundschnürer unbewußt.
> Beispiel 1: beim Stöhnen
> Beispiel 2: beim Erschrecken
> Beispiel 3: beim Sprechen
> Beispiel 4: beim Anhauchen eines Spiegels

Durchführung von Strömungsatmung

> **Die Einatmung**
> Die Einatmung erfolgt langsam mit konstantem Reibelaut.
> Während der Einatmung weiten sich langsam die Flanken
> (siehe Flankentraining bei Lugenseitenatmung).
> Hierbei wird die Lunge zu etwa 80 % gefüllt.
>
> **Die Pause nach der Einatmung**
> Danach hält man eine kurze Atempause von etwa zwei Sekunden.
> Hierbei die Atemwege offenhalten!
>
> **Die Ausatmung**
> Nun langsam mit konstantem Reibelaut ausatmen, hierbei die Flanken einziehen und die Lunge maximal leeren.
>
> **Die Pause nach der Ausatmung**
> Eine kurze Pause mit leerer Lunge von etwa zwei Sekunden halten
>
> **Die Dauer**
> Diese Form des Strömungsatmung kann solange geübt werden, wie es ohne Anstrengung möglich is,. z.B. zwei Minuten.
>
> **Hinweis für Anfänger**
> Die Dauer der einzelnen Atemphasen kann später bis zu 45 Sekunden betragen. Am Anfang genügen bereits mehr als drei Sekunden. Wichtiger als die Dauer der Atemphase ist die Qualität der Atmung (siehe dort).

Die Qualität der Atmung
siehe bei Unterdruck-Verschluß

Funktion/Wirkung
1. Training der Ausatemmuskulatur, besonders der Flankenmuskulatur.
2. Training der Schlundmuskulatur
3. Verlängerung aller Atemphasen
4. Erhöhung der Konzentration

6.2. Stoßatmung

Bevor man die Stoßatmung durchführt, sollte man Kenntnis von der Atemmittellage haben, da die Stöße von dort aus ausgeführt werden.

Atemmittellage:

> Derjenige Bereich, von dem aus sowohl eine Einatmung als auch eine Ausatmung möglich ist. Es ist also ein Zustand, in dem die Exspirations- und die Inspirationsmuskeln vollkommen entspannt sind.

Durchführung

> **1. Die Ausatmung**
> Durch Oberbauch-Kontraktion, ähnlich wie beim Hecheln, wird der Oberbauch beim Ausatmen stoßartig nach innen gezogen. Hierbei muß in der Nase ein Ausatemgeräusch entstehen, welches scharf und prägnant ist.
> Die Ausatemstöße werden von der Atemmittellage aus getätigt.
>
> **2. Die Einatmung**
> Nach Beendigung des Stoßens wird die Oberbauchdecke losgelassen, dadurch kommt passiv wieder Atem in die Lunge hinein.
>
> **3. Grundsätzlich**
> Die Einatmung ist also passiv und die Ausatmung aktiv!
> Durch das rhythmische Aneinandersetzen dieser Wechselvorgänge von passiv/aktiv und durch Konzentration auf die Nase, dort wo das Ausatemgeräusch entsteht, entwickelt sich Stoßatmung.

Die Frequenz

> Die Frequenz liegt zwischen 2 Herz und 0,5 Herz. D.h. der Anfänger beginnt mit etwa einem Atemstoß innerhalb von zwei Sekunden. Der Fortgeschrittene kann bis zu zwei Atemstößen pro Sekunde durchführen.

Die Dauer

> Die Dauer der Stoßatmung sollte mindestens 30 Sekunden betragen. Der Fortgeschrittene übt eine Dauer von bis zu zwei Minuten. Selten werden mehr als zwei Minuten, z.B. 3-5 Minuten, geübt.

Funktion/Wirkung

> 1. Kräftigung der Ausatmungs-Muskulatur des oberen Bauches und des Zwerchfells
> 2. Erhöhung der Konzentration
> 3. Minimierung des Atembedürfnisses
> 4. Steigerung der Wahrnehmung nach innen
> 5. Erhöhung der Stirnhirnaktivitäten
> 6. Erhöhung der emotionalen Kontrolle

6.3. Die Lungenseitenatmung
(Ein Wechseln zwischen der linken und der rechten Nasenöffnung bzw. Lungenhälfte)

Vor der Durchführung von der Lungenseitenatmung sollte man die Handhaltung beherrschen.

Die Handhaltung/ Das Verschließen

> Mit der rechten Hand wird jeweils die linke oder die rechte Nasenöffnung verschlossen. Geübte können dabei das Fingerzeichen benutzen. Hierbei werden der Zeigefinger und der Mittelfinger völlig gebeugt (in den Handteller) Ringfinger und kleiner Finger arbeiten dann gemeinsam mit dem Daumen, um die Nasenöffnungen jeweils zu verschließen.

Durchführung der Lungenseitenatmung

> 0.) Die rechte Nasenöffnung wird verschlossen.
> 1.) Einatmung (EA) durch die linke Nasenöffnung.   EA
> 2.) Linke Nasenöffnung verschließen, rechte Nasenöffnung öffnen.   Wechseln
> 3.) Ausatmung (AA) durch die rechte Nasenöffnung.   AA
> 4.) Einatmung durch die rechte Nasenöffnung.   EA
> 5.) Rechte Nasenöffnung verschließen, linke Nasenöffnung öffnen.   Wechseln
> 6.) AA durch die linke Nasenöffnung   AA
> 7.) weiter bei 1.)

Die Qualität der Atmung

> Sie ist definiert als eine Atemform mit fünf Eigenschaften:
> 1. am richtigen Ort, hier am oberen Schlundschnürer (Ort)
> 2. so gleichmäßig wie möglich   (Zeit, i.S. von kairos: der günstige Augenblick)
> 3. so selten wie möglich   (Zahl)
> 4. so lang wie möglich   (lang)
> der Atem wird begleitet durch das Bewußtsein mit hoher Aufmerksamkeitsdichte, dadurch wird der Atem feiner.
> 5. so subtil wie möglich   (subtil)
> gemäß Patanjali Kapitel II Vers 50:
> "Er [der Pranayama] besteht aus den Bewegungen des Äußeren, des Inneren und des Stillstehens, wird beobachtet mit Blick auf [1.] Ort, [2.] Zeit und [3.] Zahl und ist [4.] lang und [5.] subtil."

Zur Bezeichnung: Lungenseitenatmung

> Wenn die Atemluft durch die linke Nasenöffnung einströmt, wird in der Trachea ein asymmetrisches (Nichtlaminares) Strömungsprofil erzeugt. Die Trachea ist nicht lang genug, um diese Asymmetrie auszugleichen. Daher wird bevorzugt die linke Lungenhälfte ventiliert. Bei der AA aus der linken Lungenhälfte durch die rechte Nasenöffnung berührt die Atemluft der linken Lungenhälfte die Innenwandung der oberen Atemwege und der Trachea an den Stellen, an denen sonst nur die Ausatemluft aus der rechten Lungenhälfte vorbeiströmt. Hierbei kommt es zu einem intensiven Kontakt und somit zu einem Ionenaustausch. Das gleiche passiert mit der Ausatemluft während der Lungenseitenatmung aus der rechten Lungenhälfte durch die linke Nasenöffnung nur in umgekehrter Weise. Der Effekt ist also 1. eine Beatmung bevorzugt jeweils einer Lungenhälfte und 2. der Ionenaustausch zwischen den Lungenhälften während der Lungenseitenatmung über die Trachea und den oberen Atemwegen. Die Wirkung ist ein elektrischer Ausgleich zwischen den Lungenhälften, den der Geübte als eine Harmonisierung seines Befindens erlebt. Daher die Bezeichnung Lungenseitenatmung.

Funktion/Wirkung

> 1. Kräftigung der Ausatemmuskulatur der Flanken
> 2. Homogenisierung von Perfusions-, Ventilations- und Diffusions-Vorgängen in beiden Lungenhälften
> 3. Ausgleich des Befindens des Übenden
> 4. Maximierung der Qualität der Atmung
> 5. Steigerung der Wahrnehmung nach innen

6.3.1. Die Lungenseitenatmung: Prinzipielle Darstellung der Übung

```
linke                                          rechte
Nasen-                                         Nasen-
öffnung                                        öffnung
```

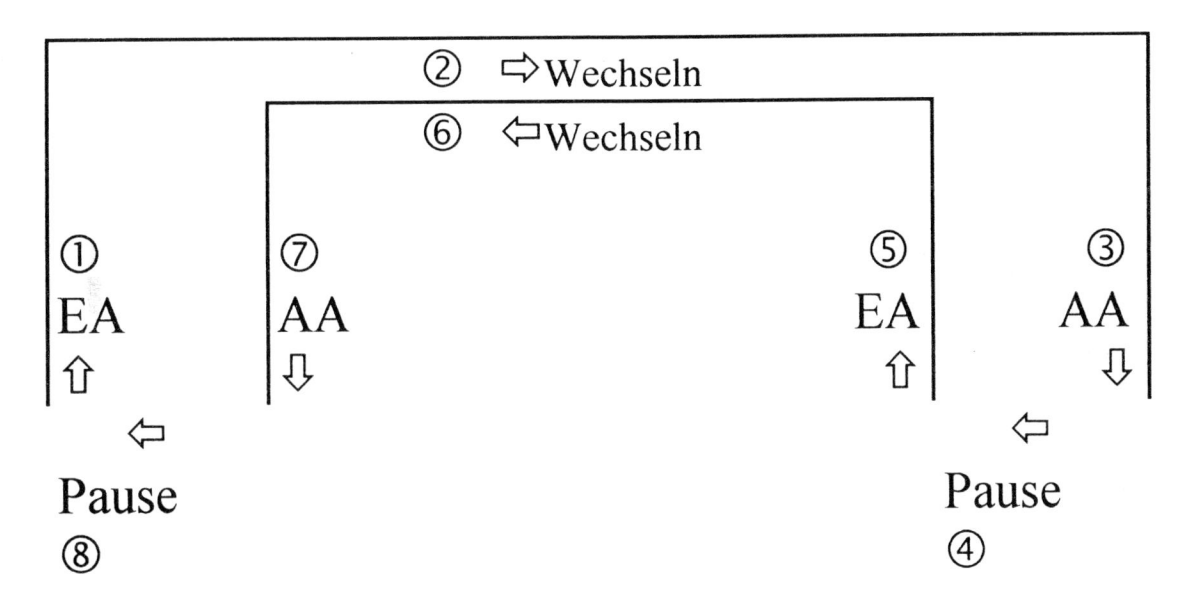

```
┌─────────────────── ② ⇨Wechseln ───────────────────┐
│         ┌───────── ⑥ ⇦Wechseln ─────────┐         │
│         │                                │         │
① EA      ⑦ AA                            ⑤ EA      ③ AA
⇧         ⇩                                ⇧         ⇩
  ⇦                                          ⇦
Pause                                       Pause
⑧                                            ④
```

Beschreibung des Schemas

① Einatmen durch die linke Nasenöffnung
② Wechseln: linke Nasenöffnung schließen und rechte Nasenöffnung öffnen
③ Ausatmen durch die rechte Nasenöffnung
④ Atem-Pause ca. 3-4 Sekunden
⑤ Einatmen durch die rechte Nasenöffnung
⑥ Wechseln: rechte Nasenöffnung schließen und linke Nasenöffnung öffnen
⑦ Ausatmen durch die linke Nasenöffnung
⑧ Atem-Pause ca. 3-4 Sekunden
   bei ① fortfahren

6.4. Der Kinnverschluß

Voraussetzungen

1. Dehnbarkeit des Nackens
2. Flexibilität des Brustkorbes
3. Beherrschung der Schlundmotorik

Durchführung

Sitzhaltung auf Stuhl oder Sitzkissen
leicht nach vorn gebeugte Sitzhaltung, so da_ die Schultern im Lot nber den Knien sind
Entspannung des Lendenbereiches w_hrend der gesamten Durchfnhrung
Nach vorne schieben des Kinns
Einatmung
Heben des Brustbeins w_hrend der Einatmung
Kinn und Brustbein auf Kontakt bringen
Einatempause
sich mit den Armen so auf den Knien abstntzen, da_ das Heben des Brustbeines unterstntzt wird
Schlundschnnrer unbedingt offen halten, ggf. Prnfen durch kleine Atemznge
Lenken der Aufmerksamkeit zur Kopfplatte
Ausatmung
Ausatmen und L÷sen der Haltung bei Beendigung der Konzentration.

Gefahrenhinweis

Während des Kinnverschlusses darf unter keinen Umständen der Schlund geschlossen werden. Es besteht sonst die Möglichkeit, daß sich ein Überdruck in der Lunge aufbaut. Dieser hat zur Wirkung, daß sich ein Halsvenenstau bildet. Ebenfalls baut sich in Folge des pulmonalen Überdruckes ein Stau in der unteren Hohlvene auf. Das Herz bekommt dadurch weniger peripheren Rückstrom. Das Herz reagiert mit Erhöhung des Blutdruckes. Ebenfalls kommt es in der Lunge zu einem Erliegen der Mikrozirkulation. Die Folgen insgesamt sind: Frequenzerhöhung des Herzschlages, Blutdruckerhöhung, roter Kopf, Kopfschmerzen, Atemängste, allgemeine Unruhe, Gefühl von Anstrengung und niedrige Strehtoleranz.

Funktion/Wirkung

1. Absolute Beherrschung der Schlundmuskulatur
2. Verlängerung der Pause nach der Einatmung
3. Kräftigung der Einatemmuskulatur und des Brustkorbes
4. Reduktion des Atembedarfs
5. Vorübung eines Teils des Bewältigungtrainings fnr Essoufflement

6.5. Der Unterdruck-Verschluß (UV)

Bevor man den Unterdruckverschluß durchführt, sollte man den Schlundverschluß beherrschen.

Der Schlundverschluß

Durch vollständige Kontraktion des oberen Schlundschnürers erreicht man ein Verschließen der inneren Atemwege gegenüber der äußeren Atemwege und damit der Atmosphäre. Beim Sprechen bestimmter Laute entsteht vorübergehend ein vollständiger Schlundverschluß, so z.B. beim Sprechen von "g". Der Laut "g" entsteht praktisch erst dadurch, daß sich der Schlund wieder öffnet und Atemluft mit dosiertem Druck entweichen kann. Durch zeitliche Verlangsamung des Sprechvorganges "g" wird der Schlundverschluß spürbar und kommt dadurch langsam unter motorische Kontrolle. Der Schlundverschluß muß vor dem Üben des Unterdruck-Verschlusses beherrscht sein.

Prüfen auf Dichtheit

Man stellt die Beherrschung des Schlundverschlusses dadurch fest, daß man während der Kontraktion des oberen Schlundschnürers versucht, gegen den Verschluß einzuatmen. Hierbei dehnt sich der Brustkorb mit Kraft aus, während der Bauch um den gleichen Betrag nach innen gezogen wird. Da keine Luft einströmt und somit ein Unterdruck entsteht, wird der Bauch nach innen gezogen.

Der Schlundschnürer

siehe unter "Der obere Schlundschnürer" bei Strömungsatmung

Die Körperhaltung

Der Lendenwirbelbereich muß beim Hineingehen und während des Unterdruckverschlusses gelöst sein. D.h. der untere Rücken ist etwas rund nach außen.

Die Durchführung

Sitzend auf Stuhl oder Boden atmet man tief aus, während man den Bauch aktiv einzieht und den Rücken nach außen rund macht. Nun setzt man den Schlundverschluß und hält den Schlundschnürer während der folgenden drei Schritte weiterhin geschlossen. Erstens: Weitung des Brustkorbes als ob man einatmete, dadurch entsteht ein Unterdruck in der Lunge von ca. 40 mm Hg gegenüber außen. Zweitens: Gelösthalten des Lendenwirbelbereiches, dadurch bleibt der Bauch flexibel und der Unterdruck kann ihn nach innen oben ziehen. Drittens: Drücken der Hände gegen die Oberschenkel, um die Brustkorbweitung durch die Arme zu unterstützen. Der Verschluß sollte 12 Sekunden dauern. Danach nimmt man die aktive Weitung des Brustkorbes zurück, dadurch verringert man den Unterdruck. Nun öffnet man den Schlund und läßt die Atemluft passiv einströmen.

Funktion/Wirkung

1. Senkung des Blutdruckes
2. Senkung der Herzfrequenz
3. Weitung des peripheren Gefäßwiderstandes
4. Erwärmung der Extremitäten
5. Senkung des Atembedarfs
6. Erhöhung des Vertrauens in körpereigene Vorgänge
7. Vorbereitung auf Apnoetauchen

6.6. Die Überdruck - Atmung

Prinzipielle Darstellung
6.6.1. richtige Form

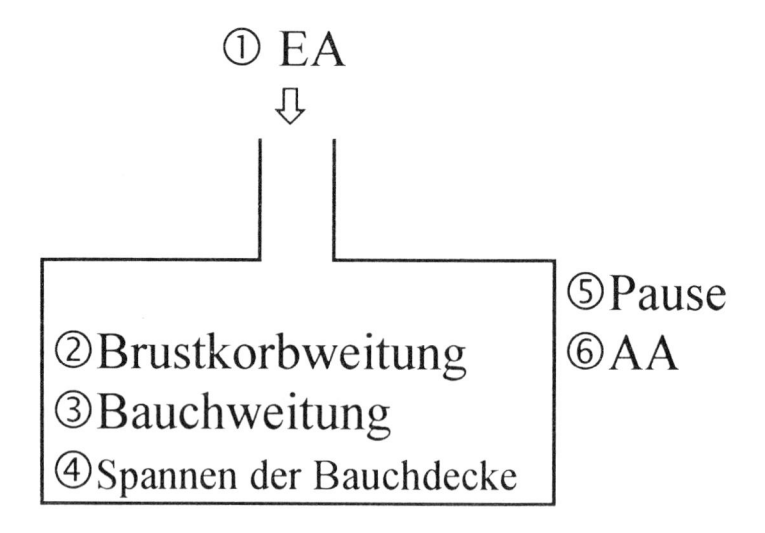

① EA
⇩

| ②Brustkorbweitung
③Bauchweitung
④Spannen der Bauchdecke | ⑤Pause
⑥AA |

Durchführung

Einatmung:
1. Atme tief ein. Weite dabei den Brustkorb. Weite auch den Bauch. Nun spanne dabei die Bauchdecke an, als wolltest du nach unten pressen.

Pause nach der Einatmung
Halte die Bauchdecke gespannt. Halte dabei aber gleichzeitig unbedingt den Schlund offen. Warte mindestens 10 Sekunden.

Ausatmung
Atme nun aus und entspanne dabei auch die Bauchdecke. Beginne nun wieder mit der Einatmung.

Funktion/Wirkung

① Einatmen
④ Die Folge ist das Ansteigen des Druckes innerhalb des Bauches.
⑤ Diese Druckerhöhung im Bauch wird während der Atem-Pause gehalten
   Die Luft bleibt in der Lunge aufgrund der Brustkorbweitung
⑥ Beim Ausatmen darf kein Öffnungsgeräusch entstehen

6.6.2. falsche Form

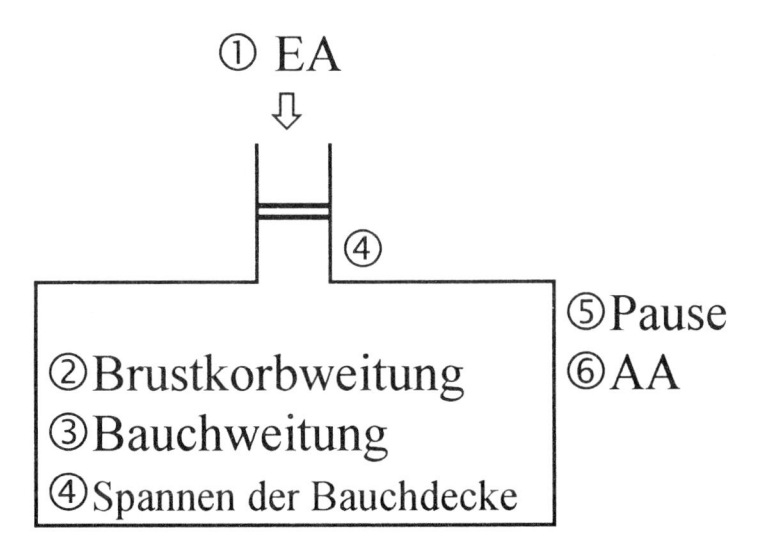

① EA ⇩

②Brustkorbweitung
③Bauchweitung
④Spannen der Bauchdecke

⑤Pause
⑥AA

Folgen

① Einatmen
② Hebung des Brustbeines
③ Vorwärtsbewegung der Bauchdecke
④ Hierbei wird oft ein Fehler gemacht:
    Der obere Schlundschnürer wird zusätzlich kontrahiert.
    Die Folge ist ein Verschluß der Atemwege
    Die Folge davon ist eine Druckerhöhung in der Lunge
    Die Folge davon ist ein Einschränkung des venösen Rückstromes zum Herzen
    Die Folge davon ist eine massive Blutdruckerhöhung und Frequenzerhöhung des Herzens
⑤ Pause bedeutet: Es findet keine Ventilation statt.
⑥ Ein Öffnungsgeräusch entsteht, da der obere Schlundschnürer gelöst wird, um ausatmen zu können.

7. Atmung: allgemeine Problematik beim Tauchen

Die allgemeine Problematik beim Tauchen und bei den Atemtechniken überhaupt ist folgender Umstand: "Der Schlundverschluß nach der Einatmung". Dieser Umstand wurde bereits in dem Abschnitt "Ausgewählte physiologische Aspekte der Atmung" behandelt. Da dieser Punkt jedoch von großer Bedeutung ist, soll er hier noch einmal prinzipiell mit Blick auf die verschiedenen Druckphasen beim Tauchen dargestellt werden.

In den folgenden Schemata ist jeweils ein großer Kasten dargestellt. Dieser Kasten symbolisiert den Lungenraum. Die Öffnung nach oben stellt jeweils die Atemwege dar. Der eingezeichnete waagerechte Doppelbalken innerhalb der Öffnung stellt den Schlundverschluß dar. Der Schlundverschluß wird immer durch Kontraktion des oberen Schlundschnürers hergestellt.

7.1. Kompressionsphase
In der Kompressionsphase entsteht durch die Pause nach der Einatmung mit Schlundverschluß die im Kasten dargestellte Wirkung.

Pause nach der EA

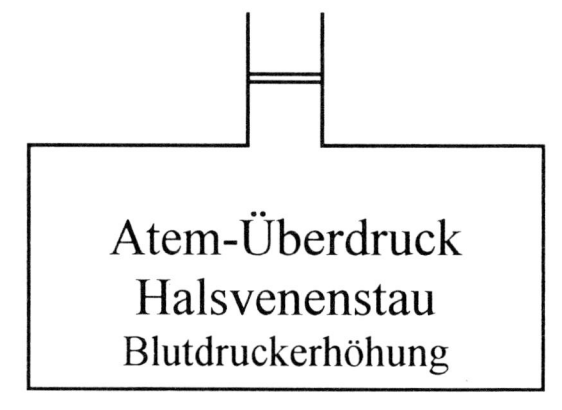

```
┌─────────────────────────┐
│                         │
│    Atem-Überdruck       │
│    Halsvenenstau        │
│    Blutdruckerhöhung    │
└─────────────────────────┘
```

7.2. Isopressionsphase
In der Isopressionsphase entsteht durch die Pause nach der Einatmung mit Schlundverschluß die im Kasten dargestellt Wirkung.

Pause nach der EA

```
┌─────────────────────────┐
│                         │
│    Atem-Überdruck       │
│    Halsvenenstau        │
│    Blutdruckerhöhung    │
└─────────────────────────┘
```

7.3. Dekompressionsphase

In der Dekompressionsphase entsteht durch die Pause nach der Einatmung mit Schlundverschluß die im Kasten dargestellte Wirkung. Hierbei entstehen zusätzlich die im Tauchsport bekannten Folgewirkungen des nicht Einhaltens der Tauchregel: "Beim Auftauchen immer ausatmen".

Pause nach der EA

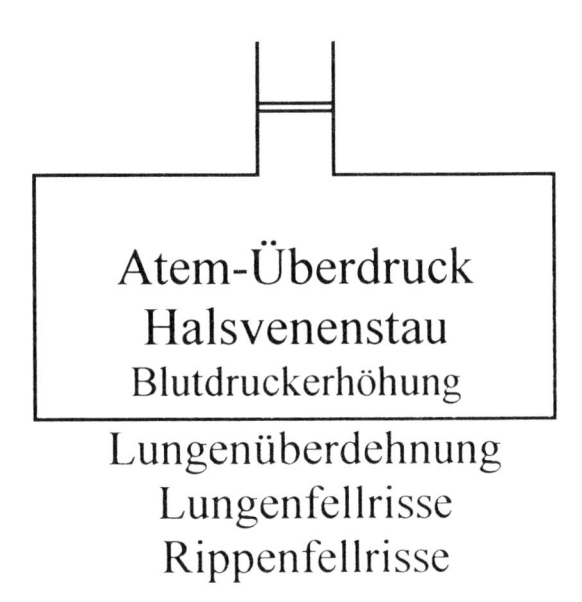

Atem-Überdruck
Halsvenenstau
Blutdruckerhöhung

Lungenüberdehnung
Lungenfellrisse
Rippenfellrisse

7.4. Kombinationen von Atemtechniken

Kombinationen, die auf den jeweiligen Tauchgang vorbereitend wirken

7.4.1. Atemkombination zum Apnoe-Streckentauchen:
Stoßatmung + Kinnverschluß

Diese Kombination wird durchgeführt indem man dreißig Stöße der Stoßatmung durchführt und direkt mit dem folgenden Einatemzug in den Kinnverschluß geht. Dort bleibt man, so lange man den Kinnverschluß ohne Mühe halten kann und besonders ohne den Schlundverschluß unachtsam entstehen zu lassen. Mit der Ausatmung kommt man dann aus dem Kinnverschluß wieder heraus. Nach etwa drei normalen Zwischenatemzügen geht man erneut in die Kombination herein. Insgesamt führt man mindestens drei Kombinationen bis zu maximal sechs Kombinationen durch.

7.4.2. Atemkombination zum Apnoe-Tieftauchen:
Stoßatmung + Unterdruckverschluß

Auch hier führt man dreißig Stöße der Stoßatmung durch. Danach folgt die Ausatmung und man geht, wie unter Unterdruckverschluß beschrieben, in den Unterdruckverschluß. Nach dem Unterdruckverschluß atmet man etwa drei normale Atemzüge. Danach wiederholt man die Kombination. Insgesamt führt man zehn Kombinationen dieser Art hintereinander aus, jeweils mit Zwischenatmung. Der Erfolg stellt sich ähnlich wie beim Streckentauchen erst nach mehreren Durchgängen ein. Maximal führt man etwa zwanzig Kombinationen durch.

7.4.3. Atemkombination: zum Gerätetauchen:
Strömungsatmung + Lungenseitenatmung

Diese Kombination besteht aus einer einmaligen Sequenz von fünf Minuten Strömungsatmung. Und danach fünf Minuten Lungenseitenatmung. Hierbei werden während des Verlaufs die einzelnen Atemphasen, besonders die der Ausatmung, immer länger aber ohne Mühe.

7.4.4. Atemkombination für Fortgeschrittene
Lungenseitenatmung + Unterdruckverschluß + Kinnverschluß

Nachdem man fünf Minuten Lungenseitenatmung durchgeführt hat, atmet man links ein, kommt in den Kinnverschluß, atmet dann rechts aus, kommt in den Unterdruckverschluß, atmet dann rechts ein, kommt in den Kinnverschluß, atmet links aus, kommt in den Unterdruckverschluß u.s.w..

prinzipielle Darstellung:

EAL KV AAR UV EAR KV AAL UV
EAL KV AAR UV EAR KV AAL UV
u.s.w.
EAL: Einatmung links
KV: Kinnverschluß
AAR Ausatmung rechts
UV Unterdruckverschluß
EAR Einatmung rechts
AAL Ausatmung links

8. Notfall-Bewältigung mit Hilfe von Atemtechniken

Training bei Essoufflement:
Die Schlüssel, um aus Essoufflement herauszukommen, sind
1. Die Ausatmungsorientierung
2. Die bewußte Atempause

Essoufflement hat nur dann eine Chance, den Taucher zu manipulieren, wenn er angstgetrieben einatemorientiert hyperventilierend atmet. Dies kann verhindert werden.

Durch die Strömungsatmung setzt der Taucher Kontrolle in seine Atmung hinein, die er selbst herstellt. Diese Tatsache bewirkt eine Veränderung des Atemmusters. Es darf nicht sein, daß die Atmung das Bewußtsein des Tauchers manipuliert, sondern es soll so sein, daß der Taucher mit Hilfe seiner Konzentration die Atmung steuert.

Würde der Taucher seine Einatmung verstärken, also einatemorientiert weiter atmen, dann hätte Essoufflement die Möglichkeit, über das wahrnehmbare Atemgeräusch, welches der Taucher durch immer mehr Einatmung immer weiter verstärkt, sich immer mehr im Bewußtsein des Tauchers auszubreiten. Man kommt dann sehr schnell in die Unterscheidungsschwierigkeit "atme ich genug, oder soll ich noch mehr atmen?"

Bei der Ausatemorientierung bestehen die Atemzüge nur aus langen Vorgängen, die willensabhängig sind und eine gewisse Mühe brauchen. Die Unterscheidungsfähigkeit bleibt erhalten und der Taucher bleibt außerhalb der Gefahr.

Das Training sollte nur unter Anleitung und mit Sicherheitsmaßnahmen durchgeführt werden. Ein spezielles Manual wird dazu noch erstellt. Das Training findet in einem besonderen Seminar statt.

Training bei Angst/Panik: Stoßatmung
Panikanfälle werden durch Hyperventilation verstärkt. Der Weg aus dem Panikgeschehen wird erlangt dadurch, daß der Betroffene, meistens Beginner im Tauchsport, ein Konfrontationstraining in Hyperventilation absolviert mit anschließendem Erlernen der Stoßatmung. Bei tatsächlichem Vorliegen des klinischen Bildes von "Panik mit oder ohne Agoraphobie[2]" sollte das Training von einem entsprechend ausgebildeten Trainer/Therapeuten durchgeführt werden.

---
[2] Agoraphopie: Die Angst vor Plätzen, die nicht ohne weiteres zu verlassen sind, wie z.B. Türme, Schiffe, Tauchplätze usw.

9. Trainingsformen mit Hilfe von Atemtechniken

Apnoetraining: Training von Stoßatmung und Streckentauchen

Zunächst sollte man sich sehr sehr viel Zeit nehmen, um dieses Training durchzuführen. Es besteht aus einer Reihe von Apnoe-Tauchgängen von 15 Tauchgängen, auf einer Strecke von 25 Metern ohne Flossen in einer warmen angenehmen Atmosphäre. Danach werden die Atemtechniken eingesetzt und zwar Stoßatmung von mindestens 2 Minuten Dauer vor jedem weiteren Tauchgang. Hierbei gibt es zwei Wahlmöglichkeiten. Entweder man atmet nach der Stoßatmung tief ein und taucht dann, oder man atmet nach der Stoßatmung nicht ein, bleibt also in der Atemmittellage, und taucht dann sofort seine Strecke. Dieses Training mit Atemtechniken wird ebenfalls sehr oft durchgeführt, etwa zehn mal. Es muß unbedingt auf hinreichende Zwischenzeiten geachtet werden von jeweils mindestens 3 Minuten zwischen jedem Tauchgang. Das individuelle Vorgehen wird sehr schnell gefunden. Wichtig ist, daß jeder Leistungsanspruch kontraindiziert ist. Es geht um das veränderte Erleben nicht um das weiteste oder tiefste Tauchen!

Alternativen zur Hyperventilation: Stoßatmung

Die Hyperventilation unterscheidet sich von der Stoßatmung durch die in der folgenden Tabelle wiedergebenen Faktoren:

9.1. Tabellarischer Vergleich von Hyperventilation und Stoßatmung

	Hyperventilation	Stoßatmung
Modus EA	aktiv	passiv
Modus AA	aktiv	aktiv
AF	hoch 40-50	hoch 60
AZV	hoch (500-700 ml)	niedrig (150 ml)
AMV	20-35 Liter	9 Liter

Die Stoßatmung eignet sich aufgrund ihrer relativen Ähnlichkeit sehr gut, sie als Alternative zu Hyperventilation vor dem Apnoetauchen einzusetzen. Ebenso ist es aufgrund der Ähnlichkeit möglich, die Stoßatmung im Training zur Bewältigung von Ängsten, welche durch Hyperventilation verstärkt werden, einzusetzen.

10. Didaktik und Methodik der Vermittlung

Strömungsatmung
Den Beginner führt man durch folgende Einzelschritte allmählich zur Strömungsatmung:
>Hauchgeräusch
>Das "A" Flüstern
>Das "A" lang ausgedehnt flüstern, Variationen mit anderen Vokalen
>Das "M" Flüstern, der Mund ist nun geschlossen
>>Die Muskulatur im Schlund auf die gleiche Weise kontrahiert halten und
>
>Einatmen mit dem "M" als Flüstergeräusch
>Einatmung mit Geräusch und Ausatmung mit Geräusch verbinden zu einem Rhythmus

Stoßatmung
Den Beginner führt man durch folgende Einzelschritte allmählich zur Stoßatmung:
1. Hecheln wie ein Hund ausatemorientiert
2. fünf mal durch den Mund und fünf mal durch die Nase hecheln bzw. stoßen.
3. nur noch durch die Nase stoßen

Lungenseitenatmung
Den Beginner führt man durch folgende Einzelschritte allmählich zur Lungenseitenatmung:
1. Siehe Flußdiagramm unter Lungenseitenatmung

Kinnverschluß
1. Vorbereitung allgemein
   Übungen zur Kräftigung der Brustkorbmuskulatur
   Übungen zur Beweglichkeit des Hals-Nackenbereiches
   Übungen zur Beherrschung des Schlundschnürers
   Übungen zur Konzentrationslenkung bei Atempausen
   Übungen zur Entspannung des Lendenbereiches
2. Vorbereitung konkret
   Schulterstand*
   Schale*
   Schulterbrücke*
   Kolibri*
   Armbrust*
   Berg*
   Nackenseitendehnung*

Unterdruckatmung
Vorbereitung konkret
   Kolibri*
   Armbrust*
   Berg*
   Nackenseitendehnung*

Übung zur Beherrschung des Schlundverschlusses
   Übung "NG"

---
*Darstellung und Beschreibung siehe Seminarunterlagen

10.1. Verlaufsbetrachtung der Vorübung NG

Phase	1	2	3	4	5
Sprechphasen		N		G	
Weitung des Schlundes	10	10-1	0	1-10	10
Schlundschnürer	gelöst	beginnt sich langsam zu kontrahieren	vollständig kontrahiert	beginnt sich plötzlich zu lösen	gelöst

10= maximal weit,   1=minimal weit,   0=zu,

Die obige Tabelle zeigt die 5 Phasen der Übung ''NG''. In der ersten Phase passiert nichts. Die Muskulatur ist gelöst. In der zweiten Phase spricht man ein nasales ''N''. Man stelle sich vor, daß man einem Menschen gerade das Sprechen beibringt. Es wird das Sprechen des Buchstabens ''G'' geübt. Um dem Schüler das ''G'' beizubringen, zeigt man ihm mit Hilfe des nasalen ''N'' erst einmal, seinen oberen Schlundschnürer teilweise zu kontrahieren, um ihn danach, wie es beim ''G'' notwendig ist, vollständig zu kontrahieren. Man könnte auch sagen, daß die zweite Phase ein stimmhafter Vorgang ist, der akustisch signalisiert, daß man im Begriff ist, den Schlundschnürer zu kontrahieren. In der dritten Phase ist der Schlundschnürer nun vollständig kontrahiert. In der vierten Phase öffnet man den Schlund explosionsartig. Und so entsteht der Buchstabe ''G''. In der fünften Phase ist der Schund wieder vollständig entspannt.

10.2. Prüfen auf Dichtheit des Schlundverschlusses

Das Prüfen auf Dichtheit findet in der dritten Phase der oben beschriebenen Übung ''NG'' statt. Während der dritten Phase versucht man gegen den Verschluß einzuatmen. Dabei hebt sich der Brustkorb um den gleichen Volumenbetrag, wie sich der Bauch nach innen verformt, da keine Luft in die Lunge, wegen des Verschlusses, einströmen kann. Diese Bewegung nennt man auch ''paradoxe Atmung''.

Nach erfolgreicher Übung ''NG'' sowie ''Prüfen auf Dichtheit'' kann man den Unterdruckverschluß üben.

11. Anwendung in der Taucherausbildung

11.1. Tabellarische Darstellung der Anwendung der Atemübungen in der Tauchausbildung

Bronze	Silber	Gold	TL-Assistent	TL *	TL **
Stoßatmung	Stoßatmung	Stoßatmung	Stoßatmung	Stoßatmung	Stoßatmung
	Strömungsatmung	Strömungsatmung	Strömungsatmung	Strömungsatmung	Strömungsatmung
		Lungenseitenatmung	Lungenseitenatmung	Lungenseitenatmung	Lungenseitenatmung
			Kinnverschluß	Kinnverschluß	Kinnverschluß
				Unterdruckverschluß	Unterdruckverschluß
					Überdruckatmung

Die obige Tabelle zeigt an, bei welchem Taucher-Grad welche Atemformen vermittelt werden können. Die einzelnen Techniken sollen schrittweise in die fortschreitende Taucherausbildung integriert sein, frühzeitig ansetzen und nach steigendem Schwierigkeitsgrad aufeinanderfolgen.

Die Angaben Bronze, Silber und Gold sollen hier keine tauchschulorientierte Eingrenzung darstellen. Die Übertragung auf andere Grade der Tauchausbildung in anderen Tauchverbänden sollte jeweils mit Hilfe der zur Zeit gültigen Äquivalenzliste vorgenommen werden.

12. Prüfe Dein Wissen

Fragenkatalog

1. Warum ist die Atmung die "Schaltstelle unseres Befindens"?

2. Nenne eine gefährdende Atemform !

3. Was ist Sparatmung ?

4. Was ist Hyperventilation ?

5. Beschreibe die Folgen der Hyperventilation !

6. Definiere Essoufflement !

7. Nenne mindestens fünf Faktoren der Atmung!

8. Was ist das Sauerstoff-Paradigma?

9. Was ist das Kohlendioxid-Paradigma?

10. Beschreibe das ''Tor zum Vegetativum'' !

11. Nenne den Teufelskreislauf I !

12. Nenne den Teufelskreislauf II !

13. Wie wirkt Überdruck in der Lunge?

14. Wie funktioniert die Stoßatmung?

15. Wie funktioniert die Strömungsatmung?

16. Welche allgemeine Problematik hat man bei der Atmung im Tauchen ?

17. Was ist der Unterschied zwischen Hyperventilation und Essoufflement ?

18. Welchen Unterschied gibt es zwischen Hyperventilation und Stoßatmung ?

19. Was ist der Unterschied zwischen Atemminutenvolumen und Atemzugvolumen ?

20. Was ist gemeint mit dem Begriff Residualvolumen ?

13. Vorschläge für Tauchgänge

- wenn die Gegebenheiten es zulassen -

1. Tauchen vom ankernden Boot. Unter dem Boot in 10 m Tiefe die Strömungsatmung in einer Gruppe von ca. sechs Tauchern durchführen. Dabei bilden alle Taucher einen Ring durch Schulterschluß. Damit ist einigermaßen sichergestellt, daß man sich beim Einatmen nicht um den Auftrieb kümmern muß, da durch das Festhalten an den anderen Tauchpartnern, die vielleicht gerade ausatmen, das Auftauchen unterbunden wird.

2. Führe Strömungsatmung durch beim Tauchen über den Grund (10-15 Meter Tiefe); halte dabei den Kopf so, daß Du den Grund siehst.

3. für Fortgeschrittene: Führe in 10 Meter Tiefe mit Gerät den Unterdruckverschluß aus.

4. Lasse Dich im tarrierten Zustand schweben und führe dabei ganz langsam Strömungsatmung durch.

14. Ausblick auf weiterführende Möglichkeiten durch Atemtechniken

1. Anwendung im Tauchsport zur Erhöhung der Tauchsicherheit und der Tauchqualität.

2. Anwendung im Aquarobic zur schrittweisen Hinführung von Teilnehmern des allgemeinen Wassersports zum Tauchen. (Abbau von Angst gegenüber Luftanhalten u.s.w.).

3. Das Angebot von Tauchbasen kann durch die Atemtechniken erheblich erweitert werden.

4. Abwendung von Unsicherheiten im Tauchsport bezüglich der Atmung.

5. Das BREASYS®-Zertifikat "II" ist in Vorbereitung.

6. Nach Erlangung des Zertifikates BREASYS® "I" besteht zur Zeit die Zulassung zur Ausbildung zum BREASYS®-Instructor. Die Ausbildung findet in Neuss statt.

7. Der Instuctor ist ein Atemlehrer unter Lizenz und kann sich bei der BREASY® school europe zum BREASY®-Instructor-Trainer fortbilden.

15. Anhang: Die muskulären Atemsysteme

15.1. Das Einatemmuskel-System

Einatmung

vorderer + mittlerer Skaleus halten/heben die 1. Rippe bei der EA

2.+3.Rippe werden von Interkostalmuskeln gehoben

1. Rippe

2. Rippe

3. Rippe

15.2. Das Ausatemmuskel-System

Ausatmung

10. Rippe

11. Rippe

12. Rippe

Der Lendenmuskel zieht die 12.Rippe bei der AA nach unten
11.+10.Rippe werden von internen Kostalmuskeln/AA gesenkt
11.+10.Rippe werden von externen Kostalmuskeln/EA gehoben/gweitet

interne Kostalmuskeln = Interkostalmuskeln

ZERTIFIKAT

Herr/Frau

....

hat an einem
Seminar zum Thema

Atemtechnik

mit Erfolg teilgenommen.

....
(Tauchlehrer)

....
(Ort, Datum)   (Tauchschule)

Delius Klasing
EDITION NAGLSCHMID

Tauchsport-Seminare

Tauchsport-Seminare erweitern die Kenntnisse und Fähigkeiten des Tauchers und tragen dadurch zu mehr Freude am Hobby und zu mehr Sicherheit bei. Das erworbene Wissen wird außerdem teilweise schon für die verschiedenen nationalen und internationalen Tauchbrevets benötigt.

M. Hahn/W. Scheyer/H. Göbel

Dekompression

Körperliche Vorgänge beim Auf- und Abtauchen verstehen, Dekotabellen sicher anwenden (auch für Gasgemische).

ISBN 3-89594-050-X

Caspar B. Disch

Flußtauchen

Bewegungsabläufe und Verhaltensregeln in speziellen, das Flußtauchen betreffenden Tauchsituationen werden beschrieben und mit Skizzen erklärt.

ISBN 3-89594-008-9

W. Scheyer/G. Neumann

Eistauchen

Ein faszinierender Teil der Sporttaucherei, der eine fundierte Ausbildung sowie kenntnisreiche Vorbereitung auf den Tauchgang unter Eis erfordert.

ISBN 3-89594-023-2

Arnd Rödiger

Nah- und Makrofotografie

Eine Vielzahl der Farben, Muster, Oberflächen und Kleinstlebewesen verlockt jeden Unterwasser-Fotografen, sich mit dem Makrobereich zu befassen und im Medium Wasser scharfe und zugleich gut ausgeleuchtete Bilder zu schießen.

ISBN 3-89594-039-9

Holger Göbel/Axel Dellin

Bergseetauchen

Veränderter Luftdruck, andere Kompressionsstufen, andere Dekozeiten – dieser Band befaßt sich mit den wesentlichen Unterschieden und zeigt die richtige Vorbereitung für sicheres Tauchen in Bergseen.

ISBN 3-89594-038-0

W. Scheyer/M. Seydel

Druckkammer

Eine praktische Ausbildungshilfe für die Funktion und technische Handhabung von Druckkammern und Behandlungsmethoden.

ISBN 3-89594-041-0

Werner Scheyer

Kompressor

Eine Einführung in die verschiedenen Kompressortypen, deren Funktion und Wirkungsweise verständlich beschrieben werden.

ISBN 3-89594-029-1

Werner Scheyer/
Matthias Bergbauer

Seemannschaft

Der Band vermittelt Grundwissen über Seemannschaft, Verhalten an Bord, Tauchen von Bord, Sicherheitsmaßnahmen und Ausrüstung.

ISBN 3-927913-74-X

Jeder Band: ca. 64 Seiten und 20 Zeichnungen, Format 29,7 x 21 cm

Erhältlich im Buch- und Fachhandel